Unser W...

glücklich & gesund

> Autorin: **Katharina Schlegl-Kofler** | Fotos: **Christine Steimer**

Inhalt

Kennenlern-Programm

Fit-und-gesund-Programm

Kennenlern-Programm

Der Weg zum richtigen Welpen

Dem Charme eines knudde-ligen Fellbündels kann wohl kaum jemand widerstehen. Trotzdem ist es schon ein richtiger Hund – voller Taten-drang und ausgestattet mit individuellen Erbanlagen.

Der Hund von heute

War der Hund früher in erster Linie unentbehrlicher Helfer

Mensch-Hund-Harmonie: Dem gemeinsamen Spaß steht nichts mehr im Weg.

des Menschen beim Bewa-chen, Jagen oder Hüten, so ist er heutzutage meist »nur« Begleiter im Alltag und in der Freizeit. Ihr »modernes« Leben bringt es mit sich, dass Hunde heute vielerlei Um-weltreize und Situationen meistern müssen. Um Kon-flikte zu verhindern, muss der Hund im Umgang mit Men-schen absolut zuverlässig sein, in Alltagssituationen unbe-eindruckt bleiben und einen guten Gehorsam zeigen. Sie übernehmen also eine Menge Verpflichtungen und Verantwortung mit der An-schaffung eines Hundes. Des-halb rate ich Ihnen, vor der Anschaffung folgende Punkte zu bedenken:

➤ Haben Sie Zeit und Inte-resse, sich das nötige Wissen über Hundeverhalten anzu-eignen und den Vierbeiner entsprechend zu erziehen?

➤ Haben Sie die allgemeinen Aspekte der Hundehaltung wie Urlaubsunterbringung, laufende Kosten für Futter oder Tierarzt bedacht?

➤ Ist die Hundehaltung mit dem Vermieter abgeklärt?

➤ Gibt es eine Auslauffläche in näherer Umgebung? Sind alle Überlegungen posi-tiv ausgefallen, steht dem neuen Familienmitglied nichts mehr im Weg.

Die Wunschrasse

Nicht jede Hunderasse passt in jedes Umfeld, auch wenn sie Ihnen noch so gut gefällt. An erster Stelle der Auswahl-kriterien sollten deshalb die rassespezifischen Eigenschaf-ten (→ Tabelle Seite 9) ste-hen. Sie lassen sich zwar bis zu einem gewissen Grad er-zieherisch beeinflussen, je-doch nicht wegerziehen. Im Folgenden ein paar Beispiele, die das erläutern:

➤ Gehen viele Menschen, auch Kinder, bei Ihnen ein und aus? Oder leben Sie in einem Wohnblock oder einer Reihenhaussiedlung? Ein Hund mit starkem Wach- und Schutzinstinkt kann hier problematisch werden.

➤ Sie gehen gern gemütlich und ohne Hast im Grünen spazieren? Mit einem passio-nierten Jagdgebrauchshund ist das kaum möglich.

➤ Sie haben keine Schafe, möchten aber einen Border Collie? Dann benötigen Sie viel Zeit und Engagement für eine gezielte Ersatzbeschäftigung des Hundes.

Die Wahl der richtigen Rasse ist eine wichtige Voraussetzung für eine konfliktlose Mensch-Hund-Beziehung. Probleme durch unausgelastete Gebrauchshunde oder Hunde in falschem Umfeld können Sie oft nur mit einer grundlegenden Änderung der Haltungsbedingungen lösen.

> *Gemeinsame Erkundungsausflüge mit der Mutter – so werden die Welpen für ihre Zukunft fit gemacht.*

Kleiner Welpentest
(Testen Sie die Welpen einzeln, ohne Ablenkung und in einer aktiven Phase.)

Setzen Sie den Welpen auf den Boden, entfernen Sie sich zwei, drei Meter und locken ihn dann.	Er kommt freudig, zwickt in die Hand, springt hoch. Er kommt freudig, gibt Pfötchen, leckt die Hand. Er zieht den Schwanz ein und geht weg.	→ ⇒ ⇛
Legen Sie den Welpen sanft auf den Rücken, und halten Sie ihn im Brustbereich sanft fest.	Er wehrt sich knurrend und beißend. Er wehrt sich evtl. kurz, entspannt sich dann. Er erstarrt mit eingeklemmtem Schwanz.	→ ⇒ ⇛
Legen Sie ein Quietschi oder Ähnliches als Geräuschquelle auf den Boden. Nähert sich der Welpe, betätigen Sie es.	Er ist völlig unbeeindruckt. Er erschrickt kurz, untersucht dann den Gegenstand. Er flüchtet voller Panik, kommt nicht mehr zurück.	→ ⇒ ⇛

Auswertung:
Zeigt der Welpe überwiegend

→-Reaktionen: Der Welpe ist eher selbstbewusst. Dies erfordert eine konsequente Erziehung.

⇒-Reaktionen: Der Welpe ist menschenbezogen, unterordnungsbereit.

⇛-Reaktionen: Der Welpe ist aufzucht- oder genetisch bedingt unsicher, ängstlich und ohne Menschenbezug. Dies kann zu Problemen im Alltag führen.

Der Test kann nur grobe Anhaltspunkte liefern, da die weitere Entwicklung eines Hundes stark von der Haltung, Erziehung und den Erfahrungen mit der Umwelt abhängt.

Bei Mischlingswelpen lassen sich Eigenschaften, Aussehen und Größe nur dann in etwa vorhersagen, wenn möglichst genau bekannt ist, welche Rassen beteiligt waren oder zumindest Vater und Mutter bekannt sind. Das Aussehen allein ist dagegen nur wenig aussagekräftig.

Der richtige Züchter

Haben Sie sich wegen bestimmter Eigenschaften für eine Rasse entschieden, rate ich Ihnen, Ihren Welpen dort zu kaufen, wo man sich mit dieser Rasse bestens auskennt und großen Wert auf das Wesen legt. Der Verband für das Deutsche Hundewesen e. V. (→ Seite 60) gibt Adressen von Zuchtverbänden heraus, die auf eine oder wenige verwandte Rassen spezialisiert sind. Die Züchter sind meist Hobby- bzw. Privatzüchter, die sich aber den strengen Bestimmungen des Verbandes unterwerfen.

Gute Kinderstube: Diese ist ganz wichtig, da beim Hund schon in den ersten acht Wochen elementare Entwicklungsschritte ablaufen. Deshalb sollten Sie, egal ob Rassehund oder Mischling, hohe Ansprüche an die Aufzuchtbedingungen der Welpen stellen. Wichtige Qualitätsmerkmale eines guten Züchters finden Sie auf Seite 17. Vorsicht vor Spontan- und Mitleidskäufen! Letztlich unterstützen Sie damit nur skrupellose »Hundevermehrer«.

Traumwelpe gesucht

Wissen Sie, welche Rasse zu Ihnen passt, kommt es nun darauf an, den richtigen Welpen auszusuchen. Für ein reibungsloses Miteinander sollten Menschen- und Hundecharakter zusammenpassen. So stellt ein willensstarker, dominanter Hund höhere Ansprüche an Autorität und Durchsetzungsvermögen des Besitzers als einer, der sehr leichtführig und unterordnungsbereit ist. Überlegen Sie, welche Hundepersönlichkeit am besten zu Ihnen passen könnte. Nur selten ist es der Welpe, der als erster auf Sie zuläuft. Und so kommen Sie zu Ihrem Traumwelpen:

➤ Besuchen Sie die Welpen so oft wie möglich und beobachten Sie sie gut.

➤ Ein kompetenter Züchter, der sich viel mit seinen Hundekindern beschäftigt, wird Ihnen ebenfalls gute Tipps zur Auswahl des passenden Welpen geben können.

➤ Treffen Sie eine definitive Entscheidung aber erst etwa in der siebten Lebenswoche, denn erst dann lassen sich unterschiedliche Persönlichkeiten gut erkennen. Hat der Züchter wenig Ahnung und/oder können Sie die Welpen nicht oft besuchen, kann Ihnen der Welpentest (→ Seite 7) helfen, um besonders selbstbewusste oder ängstliche Welpen zu erkennen.

Kleiner Münsterländer – putzig, aber bald ein passionierter Jagdhund.

Rassespezifische Eigenschaften (Beispiele)

Gruppen	Rassenbeispiele	Eigenschaften	Haltungsansprüche
Wach- und Schutzhunde	Rottweiler, Hovawart, Deutscher Schäferhund, Dobermann, Briard	Mut, Kampftrieb, ausgeprägter Schutz- und Wachinstinkt.	Diese Rassen brauchen konsequente Erziehung und Beschäftigung durch verantwortungsvolle Halter mit Hundesachverstand.
Terrier	Jack Russell Terrier, West Highland White Terrier, Deutscher Jagdterrier, Foxterrier, Sealyham Terrier	Ausdauernd, sehr aktiv, meist recht selbstbewusst, teilweise scharf.	Diese Rassen brauchen konsequente Erziehung und lieben Beschäftigung. Nichts für bequeme Halter.
Jagdhunde	Deutsch Drahthaar, English Setter, Kleiner Münsterländer, Golden und Labrador Retriever, Cockerspaniel, Beagle	Gute Unterordnungsbereitschaft, keine guten Wachhunde, meist menschenfreundlich und leichtführig, arbeitseifrig, ausgeprägte Jagdleidenschaft, manchmal etwas stur (Beagle).	Die meisten Rassen gehören nur in Jägerhand. Manche, wie die Retriever- und manche Spanielrassen, sind auch ohne jagdliche Beschäftigung gut zu halten.
Nordische Rassen	Alaskan Malamute, Siberian Husky, Samojede	Freundlich zu Fremden, selbstständig, ausgeprägter Jagdinstinkt, großer Bewegungsbedarf, gehorchen nicht zuverlässig, wenig wachsam.	Nur für sportliche Menschen, die viel wandern, joggen, Rad fahren oder Schlittenhundesport betreiben.
Herdenschutzhunde	Maremmano, Ungarischer Kuvasz, Kaukasischer Owtcharka, Sarplaninac, Kangal	Handeln eigenständig, selbstbewusst, ausgeprägter Schutzinstinkt, Fremden gegenüber misstrauisch bis unberechenbar.	Nicht für dicht besiedelte Gebiete und nur für Kenner mit Hundesachverstand.
Hütehunde	Bearded Collie, Border Collie, Australian Shepherd, Collie Langhaar	Leichtführig, gute Unterordnungsbereitschaft, lernwillig und arbeitseifrig, teilweise sensibel, anhänglich, wachsam.	Gute Familienhunde, beim Kauf auf Wesen achten. Border Collie und Australian Shepherd besonders anspruchsvoll in der Beschäftigung.
Windhunde	Greyhound, Afghane, Barsoi, Saluki, Sloughi	Starker Hetzinstinkt, jagen auf Sicht, zurückhaltend, nicht leicht zu erziehen.	Großer Bewegungsdrang, sollten rassegerecht auf der Rennbahn beschäftigt werden.

Welpen
Porträt

Knuddeligen Welpen kann wohl kaum jemand widerstehen. Wählen Sie Ihren Hund aber nicht nur mit dem Herzen, sondern in erster Linie nach rassespezifischen Eigenschaften.

> **Berner Sennenhund:** Heute noch ein Wollknäuel, doch schon in einem Jahr ein sehr großer, kräftiger Hund, der mit der richtigen Erziehung ein guter Familienhund ist und auch einen gewissen Wachinstinkt hat.

> **Jack-Russell-Terrier:** Für die Baujagd gezüchtet, ist diese Rasse unerschrocken und hat viel Energie und einen starken, eigenen Willen.

> **Hovawart (links), Golden Retriever (rechts):** Zwei Welpen mit ähnlichem Aussehen, aber grundverschiedenen rassespezifischen Eigenschaften.

West Highland White Terrier: Ein fröhlicher, robuster und meist unkomplizierter Geselle. Sein Fell muss regelmäßig getrimmt werden.

> **Deutscher Schäferhund:** Er ist zwar relativ leichtführig, sein Wach- und Schutzinstinkt erfordert jedoch Hundesachverstand und einen verantwortungsvollen Umgang.

> **Langhaardackel:** Ein beliebter Familienhund, der trotz eigenem Willen und »Dackelblick« mit Konsequenz durchaus erzogen werden kann.

> **Siberian Husky:** Von unwiderstehlichem Charme, jedoch mit vielen anspruchsvollen Eigenschaften und nicht für jedermann geeignet.

11

Die richtige Ausstattung

Für Erziehung und Wohlbefinden des Welpen ist einiges an Zubehör notwendig. Im Zoofachhandel gibt es eine Fülle verschiedenster Artikel.

Das Hundebett

Richten Sie den Schlafplatz des Hundes an einer ruhigen

> Welpe mit Lieblingsteddy: Spielen ist wichtig für die Entwicklung des Kleinen.

Stelle – nicht zu weit abseits des Geschehens – im Haus ein. Er muss so groß sein, dass auch der erwachsene Hund noch ausgestreckt darauf lie-

gen kann. Das Hundebett selbst sollte mit 60 °C waschbar, weich und gemütlich sein. Ob Sie lieber einen Korb mit weicher Einlage kaufen oder nur eine Matratze, bleibt Ihnen überlassen.

Leine und Halsband

Beides sollte zur Größe des Welpen passen und nicht zu schwer sein. Als Material eignen sich Nylon oder weiches Leder. Empfehlenswert sind ein in der Weite verstellbares Halsband und eine Leine, die sich mit einem zweiten Karabiner und einigen Metallringen in der Länge ändern lässt. Stachel- oder Würgehalsbänder sind nicht angebracht.

Hundepfeife

Möchten Sie Ihrem Welpen das Kommen auf Pfiff beibringen, brauchen Sie eine stabile Hundepfeife, zum Beispiel aus Horn oder robustem Kunststoff. Sie sollte auch für den Menschen zu hören sein.

Lange Leine

Falls der Welpe Ihnen nicht gehorcht oder Sie sich draußen ohne Leine zu unsicher sind, rate ich Ihnen zu einem leichten, dünneren Seil von wenigen Metern Länge. Es wird am Halsband befestigt, und der Welpe schleift es hinter sich her. Durch Darauftreten haben Sie immer eine Art »Notbremse« am Welpen.

TIPP

Ausstattung rechtzeitig anschaffen

Bereits beim Einzug sollte alles für den Welpen im Haus sein. Dann können Sie sich ihm voll widmen.

➤ Futter: Erkundigen Sie sich beim Züchter, was er füttert, und besorgen Sie das gleiche Futter.

➤ Halsband und Leine: Nehmen Sie beides zum Abholen des Welpen mit.

➤ Näpfe und Hundebett: Sie stehen an Ort und Stelle.

➤ Pfeife: Falls Sie eine verwenden möchten, sollte auch diese von Anfang an zu Hause sein.

> *Noch fressen die Geschwister alle aus einem Napf. Kommt der Welpe in einen Haushalt mit erwachsenem Hund, bekommt jeder seinen eigenen Napf, und der Ältere wird zuerst gefüttert.*

Futter- und Wassernapf

Achten Sie darauf, dass die Näpfe leicht zu reinigen und rutschfest sind. Gut eignen sich zum Beispiel Näpfe aus Edelstahl. Der Futternapf sollte so groß sein, dass ihn die Mahlzeit nicht ganz ausfüllt. So fällt beim Fressen nicht viel daneben. Es gibt unterschiedliche Ausführungen, etwa Näpfe in einem Futtergestell für sehr große Rassen oder sich konisch nach oben verengende Näpfe für Rassen mit besonders langen Ohren.

Box oder größere Kiste

Für die Stubenreinheit (→ Seite 48) oder als Rückzugsort für den Welpen in turbulenteren Familien empfehle ich eine spezielle Hundebox oder größere Kiste. Sie sollte so groß sein, dass der Welpe ausgestreckt liegen und bequem stehen kann.

Das Fellpflegezubehör

Für die meisten Welpen reichen ein Pflegehandschuh oder eine weiche Borstenbürste sowie ein paar alte Handtücher. Haben Sie eine »pflegeintensive« Rasse, etwa einen Collie, fragen Sie am besten den Züchter nach den geeigneten Utensilien.

Spielsachen

Für den Welpen reichen einige wenige spezielle Hundespielsachen. Diese sollten nicht zu schwer sein, damit er sie tragen kann, und so groß, dass er sie nicht verschlucken kann. Kleinteile dürfen sich nicht lösen. Geeignet sind Wurfringe, Bälle mit Schnur, geknotete Taustücke oder »Quietschis«.

Das Hundekind eingewöhnen

Wird der Welpe vom neuen Besitzer beim Züchter abgeholt, heißt es für ihn Abschied nehmen von Mutter und Geschwistern. Das ist ein einschneidendes Ereignis im Leben des Hundekindes. Doch je mehr Erfahrungen der Welpe bereits beim Züchter mit anderen Menschen und der Umwelt sammeln konnte, desto besser wird er damit zurechtkommen.

Den Welpen abholen

Per Auto: Transportieren Sie Ihr Hundekind im Fahrgastraum, sollte jemand anderes fahren, damit Sie sich um den Kleinen kümmern können. Für eventuelle »Zwischenfälle« helfen ausreichend Küchenrollen oder alte Handtücher. Bei weiteren Strecken ist es sinnvoll, häufig Pausen einzulegen, damit der Welpe sich lösen kann. Lassen Sie ihn dabei aber stets angeleint.
Per Bahn oder Flugzeug: Informieren Sie sich, besonders beim Flug, schon einige Wochen vorher über die nötigen Formalitäten wie das Transportbehältnis.

An seinen Namen gewöhnen

Ganz zu Anfang lernt der Welpe seinen Namen. Dieser sollte nicht zu lang sein und einprägsam klingen. Um den Kleinen damit vertraut zu

> Vor manchen Welpen ist nichts sicher. Also alles welpentauglich machen.

CHECKLISTE

Gefahren vermeiden

Welpen sind neugierig. Überprüfen Sie deshalb vor dem Einzug des Hündchens Haus und Garten auf Gefahrenquellen:

✔ Rutschige Böden und Stufen zumindest zum Teil mit Teppichen abdecken.

✔ Reinigungsmittel und andere Chemikalien außer Reichweite des Welpen aufbewahren.

✔ Auf frei liegende Stromkabel achten.

✔ Den Balkon sichern, etwa mit einem engmaschigen Drahtgeflecht.

✔ Auf einen ausbruchsicheren Gartenzaun achten.

✔ Gartenteich am besten einzäunen.

✔ Garten auf Löcher für Wäschespinnen und ungesicherte Kellerschächte überprüfen und sichern.

✔ Giftige Pflanzen (→ Seite 60) in Haus und Garten entfernen oder gut sichern.

✔ Schuppen mit Gartengeräten, Fahrrädern, Schädlingsgiften usw. für den Welpen unzugänglich machen.

✔ Nirgends verschluckbare Kleinteile wie Kinderspielzeug oder Nägel herumliegen lassen.

✔ Welpen grundsätzlich nicht unbeaufsichtigt lassen!

1 Erst erkunden ...

Wenn möglich sollten Sie den Welpen relativ früh am Tag beim Züchter abholen. So hat er noch viel Zeit, sich tagsüber in Ruhe in seinem neuen Zuhause umzusehen. Auch seine neuen »Rudelmitglieder« kann er dann noch gut kennen lernen und schon das eine oder andere Spielchen mit ihnen ausprobieren.

2 ... und dann ausruhen

Ist er müde, wird der Welpe bereits tagsüber einige Male sein Körbchen oder gegebenenfalls seine Box für ein Nickerchen aufsuchen. Ist er dann abends von den vielen neuen Eindrücken erschöpft und ist dem Welpen sein Bett schon vertraut, wird die erste Nacht im neuen Heim vielleicht schon relativ ruhig.

machen, nennen Sie den Namen immer mit freundlicher, interessanter Stimme und nur in Verbindung mit etwas Positivem. Zum Beispiel während Sie den Kleinen streicheln oder wenn Sie ihn zum Spielen auffordern. Sprechen Sie den Welpen gezielt an. Dann wird er seinen Namen bald kennen.

Sanfte Eingewöhnung Schritt für Schritt

Daheim angekommen, sollte der Welpe in Ruhe sein neues »Rudel« und die neue Umgebung kennen lernen können.

Wie's geht, → Fotos oben. Zeigen Sie ihm seinen Schlafplatz und die Stelle, an der er sich lösen kann. Wichtig sind in dieser Zeit für das Hundekind viel Zuwendung und enger Kontakt zu den Bezugspersonen. Verwandte und Bekannte vertrösten Sie besser auf ein paar Tage später.

Die erste Nacht

Darf der Welpe in Ihrer Nähe schlafen (→ Seite 48), erleichtern Sie ihm die Umstellung. Denn Alleinsein ist in diesem Alter nicht artgerecht. Erfahrungsgemäß ist die erste

Nacht recht unruhig, und der Welpe wird viel winseln. Wenden Sie sich ihm aber nur zu, wenn er sich lösen muss. Andernfalls reicht ein beruhigendes Wort, damit er weiß, Sie sind noch da. Beschäftigen Sie sich aber nicht mit ihm, sonst lernt er nicht, dass nachts Ruhe ist.

Erste Ausflüge

Für Spaziergänge reichen in den ersten Tagen der Garten und die nächste Umgebung. In dieser Zeit sollte der Welpe außerhalb des Grundstücks noch angeleint werden.

Fragen rund um die Anschaffung

? Auf welche Formalitäten muss ich beim Kauf des Welpen achten?

Auf jeden Fall sollten Sie den Impfpass und Daten über bisherige Entwurmungen bekommen. Zumindest bei Rassehunden gibt es einen Kaufvertrag. Der Welpe sollte mit einer Chipnummer gekennzeichnet oder tätowiert sein. Diese Nummer muss bei Rassehunden auch in der Ahnentafel stehen. Lassen Sie sich beim Kauf eines Rassehundes die Zuchtzulassungsunterlagen und die Wesensbeurteilungen beider Elterntiere zeigen. Beim Kauf eines Welpen aus einem VDH-Zucht-

verband (→ Seite 60) steht auf der Ahnentafel neben dem Namen des Zuchtverbandes stets der VDH sowie die FCI (Fédération Cynologique Internationale).

? Sind Automatikleine und Geschirr für Welpen sinnvoll?

Ein Geschirr könnten Sie für Welpen sehr kleiner Rassen verwenden. Eine Automatikleine ist nicht sinnvoll. Der Welpe geht damit immer an der straffen Leine, meist voraus und seines Weges. So lernt er nicht, nach Ihnen zu schauen und selbst Anschluss zu halten. Die Automatikleine

verführt Sie außerdem zur Bequemlichkeit in der Erziehung, da Sie sich unterwegs nicht mehr um den Hund kümmern müssen.

? Welche »Alarmzeichen« muss ich beim Hundekauf beachten?

Ich rate Ihnen vom Kauf ab, wenn einer der folgenden Punkte zutrifft: Man zeigt Ihnen die Hündin aus welchen Gründen auch immer nicht; die Welpen und/oder die Hündin sind scheu, ängstlich oder aggressiv; die Welpen und/oder die Hündin machen einen kranken Eindruck; die Welpen wachsen ausschließlich im Zwinger oder Ähnlichem ohne Umweltreize auf; der Züchter hat keine Ahnung von der Rasse; es geht ihm nur um den raschen Verkauf, nicht um einen guten Platz; der Verkäufer züchtet nicht selbst, sondern verkauft nur Welpen

Ein Sommerwelpe kann meist vielerlei Erfahrungen mit der Umwelt sammeln.

(womöglich noch vieler verschiedener Rassen).

❓ Wie informiere ich mich am besten über Hunderassen?

Informieren Sie sich direkt bei den Zuchtverbänden über deren Zuchtziele, über Ansprüche und Eigenheiten der Rasse. Empfehlenswert ist auch der Besuch einer der großen Hundeausstellungen des VDH. Dort kann man verschiedene Meinungen von Züchtern und anderen Haltern einholen. Es gibt auch viele Bücher mit Rassenbeschreibungen, die jedoch manchmal zu unkritisch auf die Eigenheiten der Rasse eingehen. Informieren Sie sich aber auf alle Fälle vor dem Kauf und nicht erst danach!

❓ Worauf sollte ich bei einem Welpen aus dem Tierheim achten?

Versuchen Sie, möglichst viel über seine Vorgeschichte zu erfahren. Eine zu frühe Trennung von der Hündin, ein Aufwachsen ohne Menschenkontakt oder negative Erfahrungen wirken sich auch in diesem frühen Alter schon aus. Dadurch können Probleme bei der Aufzucht und Erziehung entstehen. Damit der Welpe nicht wieder ins Tierheim zurück muss, überlegen Sie vorher, ob Sie die Zeit haben sowie bereit sind, eventuell auftretende Schwierigkeiten zu meistern.

❓ Woran erkenne ich einen gesunden Welpen?

Ein gesunder Welpe sieht wohlgenährt aus und hat ein glänzendes Fell. Sein Bauch ist weich und nicht aufgetrieben. Die Augen sind klar und sondern wie auch die Nase kein Sekret ab. Die Analregion des Welpen ist sauber und frei von Verklebungen.

❓ Sind Sommer- oder Winterwelpen besser?

In der Natur kommen Welpen im Frühjahr zur Welt. Ein Welpe, der in den Sommer hinein aufwächst, bekommt mehr Sonnenlicht als ein Winterwelpe. Witterungsbedingt können Sie ihm im Sommer meist mehr Eindrücke ermöglichen. Welpen kurzhaariger Rassen ohne Unterwolle frieren im Winter schnell. Für einen Winterwelpen müssen Sie abgehärtet sein: Muss der Hund nachts, müssen Sie auch bei −10 °C hinausgehen.

MEINE TIPPS FÜR SIE

Katharina Schlegl-Kofler

Den richtigen Züchter erkennen

➤ Er hält nur wenige Hunde. Welpen und erwachsene Hunde leben überwiegend im Haus.

➤ Er zieht im Idealfall nur einen, höchstens jedoch zwei Würfe gleichzeitig auf.

➤ Er ermöglicht den Welpen Kontakt zu verschiedenen Menschen und bietet ihnen ausreichend Umweltreize wie einen »Abenteuerspielplatz« oder kleine Erkundungsausflüge mit der Mutter.

➤ Er möchte viel über Sie erfahren, um sicher zu sein, dass sein Welpe bei Ihnen einen guten Platz erhält. Er beantwortet alle Ihre Fragen, zeigt Ihnen seine Hunde und die Papiere. Auch nach dem Kauf steht er Ihnen mit Rat und Tat zur Seite.

➤ Er weiß über die Rasse, über Entwicklung und Genetik des Hundes Bescheid und weist Sie auf Besonderheiten der Rasse hin.

17

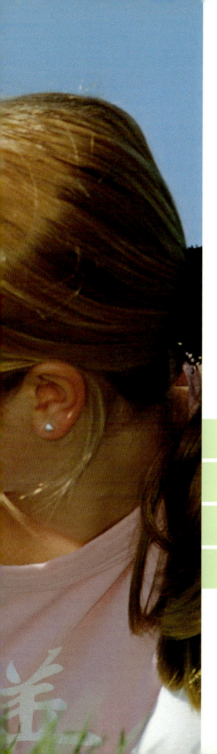

Der Welpe und seine Umwelt

Die Entwicklung in den ersten Monaten

Die wichtigsten Schritte in der Entwicklung des Hundes geschehen in den ersten vier bis fünf Monaten. In dieser Zeit wird aus einem hilflosen Fellbündel ein neugieriges, lernbegieriges Wesen, das

einem Welpen, der von Anfang an ohne menschliche Hilfe voll lebenstüchtig war.

Erste bis dritte Woche

Welpen kommen nach etwa 63 Tagen Tragzeit blind, taub und völlig hilflos zur Welt. Sie bewegen sich nur kriechend und krabbelnd fort. Das Gesäuge der Hündin finden sie von selbst, und mit Hilfe ihres Temperaturempfindens und ein wenig Geruchssinn wissen sie auch, wo sich Mutter und Geschwister aufhalten. Dennoch sind sie auf die Fürsorge der Mutter angewiesen. Durch deren gute Brutpflege

entwickelt sich das Urvertrauen beim Welpen. Wenn etwa in der zweiten Woche sich die Augen öffnen und die Ohren funktionieren, erweitert sich die Wahrnehmungsfähigkeit der Welpen. In dieser Phase brechen auch die Milchzähne durch.

Dritte bis 18. Woche

In dieser wichtigen Phase (→ Seite 22) gehen die Entwicklung der körperlichen Fähigkeiten und des Gehirns Hand in Hand. Das heißt, je größer der Aktionsradius des Welpen wird (→ rechts), desto eifriger erforscht er

> Eine instinktsichere Hündin gibt den Welpen Vertrauen und Geborgenheit.

sich sein eigenes Bild von der Welt um sich herum macht. Wollen Sie später mal züchten oder Ihren Hund speziell ausbilden, rate ich Ihnen zu

TIPP

Vorbild Mutterhündin

Ob Rassehund oder Mischling – eine Garantie für Gesundheit und Wesen gibt es nie. Dennoch kann man im Vorfeld manches abklären. Welpen erben viel von ihrer Mutter und übernehmen viel ihres Verhaltens.

➤ Schauen Sie sich deshalb die Hündin genau an.

➤ Fragen Sie den Züchter nach besonderen Eigenschaften, wie Verhalten im Alltag, Krankheiten usw.

➤ Sehen Sie sich, wenn möglich, auch den Vater an, oder holen Sie zumindest Informationen über dessen Wesen und Gesundheit ein.

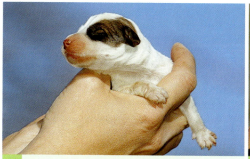

1 ▸ Sechs Tage alt

Zahnlos, blind und taub – obwohl es noch total unfertig wirkt, laufen schon erste kleine Lernprozesse in diesem Hundebaby ab. Selbstständig sucht und findet es das Gesäuge und die Wärme von Mutter und Geschwistern. So erlebt es leichten Stress und lernt, dass eigene Anstrengung zu einem Erfolg führt.

2 ▸ Drei Wochen alt

In diesem Alter kann der Welpe schon ein wenig sehen und hören. Auch die Milchzähne sind da. Nun bekommt der Welpe schon mehr mit und nimmt Mutter und Geschwister immer deutlicher wahr. Auch der Kontakt zu Menschen ist jetzt schon wichtig. Hauptbeschäftigungen sind aber noch immer Schlafen und Trinken.

seine Umgebung. Ermöglicht wird dies, weil das Gehirn in dieser Zeit besonders aufnahmefähig für verschiedenste Erfahrungen ist. Da diese Entwicklungsphase zeitlich begrenzt ist, lassen sich Versäumnisse später nur schwer, oft nicht mehr ausgleichen.

Prägungsähnliches Lernen: Alles was der Welpe in dieser Zeit erlebt, positiv wie negativ, prägt sich nahezu unauslöschlich in seinem Gehirn ein. Und umgekehrt hinterlassen auch fehlende Erfahrungen ihre Spuren. In der Natur dient diese Zeit dazu,

dass sich zum Beispiel ein Wolfswelpe ein möglichst genaues Bild von seinem Lebensraum macht und vieles, was für das Überleben wichtig ist, für immer speichert.

Kontakt zu Artgenossen: Wenn ab der dritten Woche die Sinne des Welpen funktionieren, sieht, hört und riecht er Mutter und Geschwister. Das aus diesen Eindrücken gewonnene Bild prägt sich dauerhaft in das Gehirn des jungen Hundes ein. Im Spiel und Umgang untereinander üben die Welpen das Sozialverhalten ein.

Sie lernen, Körpersprache und Lautsignale zu deuten, und übernehmen Verhaltensweisen der Hündin.

Aktionsradius vergrößern: Typisch für diese Phase ist die zunehmende Aktivität der Welpen. Durch Spielen mit den Geschwistern und anderen Welpen wird der Organismus trainiert. Gleichzeitig werden die Hundekinder immer neugieriger. Schon bald wird die Wurfkiste langweilig, und die Kleinen erkunden voller Tatendrang die Umgebung, um möglichst viele Eindrücke zu sammeln.

Die Sozialisierung

Die Zeit zwischen dritter und etwa 18. Lebenswoche eines Hundes heißt »Sozialisierungsphase«. Sozialisieren bedeutet, den Hund mit seiner Umwelt vertraut zu machen und ihn gezielt auf

> *Hat der Welpe zu wenig Umwelterlebnisse, kann er unsicher werden.*

sein späteres Leben vorzubereiten. Dies bedeutet für Sie zwar einen gewissen Aufwand an Zeit und Ideen, beugt aber vielen Problemen vor.

Was heißt das, Sozialisierung?

In der Natur: Beim Wolf ist von Natur aus gewährleistet, dass die Welpen Reizen ihres Lebensraumes ausgesetzt werden, die ihrem Entwicklungsstand entsprechen. Sie erkunden die Umgebung des Baus mit ihren Gerüchen, Geländestrukturen usw. und lernen, sich in das Rudel zu integrieren, was sie dürfen und was nicht oder auf Gefahren zu achten.

Beim Haushund: Unsere Hunde wachsen nicht mehr unter natürlichen Bedingungen auf. Je nachdem, wie das Leben eines Hundes aussieht, muss er in der Welpenzeit gezielt damit vertraut gemacht werden. So bedeutet beispielsweise die Sozialisierung eines Begleithundes, dass er mit den Gegebenheiten in einer Großstadt bekannt gemacht werden muss, während ein Jagdgebrauchshund auf sein Leben überwiegend im Wald und auf der Jagd vorbereitet wird.

Verantwortung des Menschen

Mit einem gut aufgezogenen Welpen haben Sie die große Chance, Ihren Hund systematisch mit allen Gegebenheiten des eigenen Lebensumfeldes vertraut machen zu können. Menschen und Hunde leben

TIPP

Umweltreize richtig »dosieren«

Dadurch überfordern Sie das Hundekind nicht.

➤ Größere Unternehmungen wie ein Stadtgang oder Restaurantbesuch sollten nicht täglich und nicht am gleichen Tag stattfinden.

➤ Je jünger der Welpe, desto kürzer die Dauer solcher Aktivitäten, z. B. 20 Minuten Stadtgang für einen neun bis zehn Wochen alten Welpen.

➤ Der Welpe sollte jedoch mehrmals wöchentlich verschiedene Eindrücke erleben. Lassen Sie ihn dabei an der (lockeren) Leine.

heute auf engem Raum, und Hunde sind nahezu überall anzutreffen. Deshalb ist es gerade heute besonders wichtig, dass ein Hund, den man in die Öffentlichkeit mitnimmt, Menschen und der Umwelt gegenüber vertrauensvoll und zuverlässig ist. Er sollte sich auch in dichteren Menschenmengen nicht fürchten oder bedroht fühlen. Und auch dann nicht, wenn ihn mal jemand berührt oder er versehentlich geschubst wird. Natürlich spielen dabei auch die Erbanlagen eine Rolle. Denn ein Hund mit bereits angeborenem unsicherem und ängstlichem Wesen lässt sich auch mit entsprechender Sozialisierung oft nur wenig »umerziehen«. Das bedeutet eine Menge Verantwortung. Und die beginnt bereits beim Züchter.

> Je älter die Welpen, desto ausgedehnter und spannender werden die gemeinsamen Abenteuer.

Die Zeit beim Züchter

Der Züchter ist verantwortlich dafür, dass der Hund in der Phase, in der er sich ein Bild von seinen Artgenossen macht, möglichst viele positive Erfahrungen mit verschiedenen Menschen, im Idealfall auch mit Kindern sammelt. Dadurch wird der Grundstein für ein Vertrauensverhältnis zwischen Hund und Mensch gelegt.

Auch für den Umgang mit Umweltreizen spielt die Zeit beim Züchter eine große Rolle. Je abwechslungsreicher die Umgebung der Welpen ist (beispielsweise »Abenteuerspielplatz«, kleinere Ausflüge), desto besser wird ihre Entwicklung gefördert.

Die Zeit beim Halter

Nach der Übernahme vom Züchter muss der neue Besitzer für die weitere Sozialisierung sorgen. Je mehr Erfahrungen der junge Hund sammeln kann, desto umfassender wird sein Bild von der Welt. Alles was er jetzt kennen lernt, wird auch in Zukunft für ihn ganz normal sein. Hat der Welpe zum Beispiel gelernt, unbekannte Situationen zu meistern, wird er auch später damit leichter zurechtkommen.

In den nächsten beiden Kapiteln erfahren Sie, was Sie für eine gute Sozialisierung Ihres Welpen alles tun können und sollten. Und sicher werden Sie dabei erleben, wie viel Freude und Spaß es macht, den Kleinen bei seinem Erkundungsdrang und seiner Neugierde zu beobachten.

Der Welpe und seine Menschen

Mit acht, spätestens aber zehn Wochen sollte der Welpe im neuen Zuhause sein. Denn jetzt bringt er eine besondere Bereitschaft mit, sich in eine Gemeinschaft zu integrieren. Das sollten Sie nützen, denn sein »Rudel« sind nun Sie und Ihre Familie.

> *Richtig aneinander ge-*
> *wöhnt, haben diese bei-*
> *den keine Probleme.*

Bindung aufbauen

Der Hund ist auf ein Leben in einer Gemeinschaft ausgerichtet. Er muss Bindungen aufbauen können zu den

Rudelmitgliedern, um sein Bedürfnis nach Geborgenheit und Sicherheit zu stillen.

➤ Verbringen Sie mit ihm so viel Zeit wie möglich.

➤ Geben Sie ihm Gelegenheiten zu intensivem Körperkontakt durch Streicheln und Bürsten oder durch gemeinsames Kontaktliegen zum Beispiel auf dem Teppich oder auf einer Wiese nach einem Spaziergang oder Spiel.

➤ Führen Sie gemeinsame Aktivitäten wie Spielen, Einkaufen, Erkundungsspaziergänge im Gelände usw. durch. Berücksichtigen Sie jedoch seine Ruhe- und Schlafphasen. Über allem dürfen Sie auch seine natürlichen Be-

dürfnisse wie Fressen oder sich Lösen nicht vergessen.

Die Rangordnung

Im Normalfall bilden Mensch und Hund ein Team, in dem der Mensch der übergeordnete Partner ist. Dies gilt schon für den Welpen. Auch junge Wölfe haben keine Narrenfreiheit, sondern müssen sich an bestimmte Regeln des Zusammenlebens halten. Ähnlich wie ein Leitwolf müssen Sie durch Souveränität, eine innere Autorität und durch Beanspruchung bestimmter Privilegien Ihre Position deutlich machen. Der Welpe muss sich nach Ihnen richten, nicht umgekehrt.

TIPP

Welpen und Kinder

Für ein harmonisches Zusammenleben sollte jeder Welpe an Kinder gewöhnt werden.

➤ Erklären Sie Ihren Kindern, dass der Hund kein Spielzeug ist, im Schlaf nicht gestört und nie geärgert werden darf.

➤ Kinder unter zehn Jahren sollten dem Welpen weder Kommandos geben noch ihn zurechtweisen.

➤ Lassen Sie Welpe und Kinder nie unbeaufsichtigt – auch bei Spaziergängen. Spielen sie zusammen, achten Sie darauf, dass keiner zu stürmisch wird.

Beispiele im Alltag

➤ Gehen Sie nicht auf jede Spielaufforderung des Welpen ein, sondern ignorieren Sie ihn. Fordern Sie ihn jedoch Ihrerseits dazu auf, wenn Sie Lust zum Spielen haben (→ Seite 55).

➤ Das Gleiche gilt für Streicheleinheiten.

➤ Sie bestimmen, wie lange gespielt oder geschmust wird. Wenden Sie sich danach wieder etwas anderem zu und beachten Sie den Hund nicht weiter, auch wenn er winselt.

➤ Erhöhte Plätze sind beim Wolf nur den ranghohen Rudelmitgliedern vorbehalten. Deshalb darf der Welpe nicht auf Sofa, Bett usw. Weisen Sie ihm ganz bestimmt und konsequent seinen Platz zu.

➤ Gewöhnen Sie ihn daran, dass beim Verlassen des Hauses Sie zuerst aus der Tür gehen, dann der Hund.

➤ Füttern Sie ihn nicht unmittelbar, bevor Sie essen, sondern erst danach.

Nur wenn die Rangordnung klar ist und der Hund seinen Menschen vertrauensvoll als »Rudelführer« respektiert, wird er Ihnen auch selbstverständlich gehorchen. Steht der Welpe dagegen ständig im

Spiel doch endlich mal mit mir! Den Aufforderungen Ihres Welpen dürfen Sie nicht immer nachkommen.

Mittelpunkt und richtet sich alles nach seinem Willen, kommt es später oft zu Rangordnungsproblemen. Logischerweise sieht er so keine Notwendigkeit, sich bei Spaziergängen oder im Haus an irgendwelche Regeln zu halten. Vor allem dann nicht, wenn gerade etwas besonders Interessantes des Weges kommt. Achten Sie deshalb im Alltag immer wieder mal bewusst darauf, ob Sie sich nicht doch manchmal zu sehr nach dem Hund richten.

25

Gewöhnung an die Umwelt

Nach der Übernahme vom Züchter liegt es nun am neuen Hundebesitzer, also an Ihnen, den kleinen Hund mit seiner Umwelt vertraut zu machen. Denken Sie daran, dass die nächsten Wochen eine große Bedeutung im Leben Ihres Hundes haben.

> Gemeinsame Unternehmungen und Erlebnisse festigen die Bindung.

Jagdverhalten unterbinden und umlenken

Jagen liegt jedem Hund mehr oder weniger im Blut. Und es macht ihm eine ganze Menge Spaß, egal ob er dabei etwas erwischt oder nicht. Eine reizvolle »Beute« ist grundsätzlich alles, was sich bewegt. Also Vögel, Rehe und andere Tiere genauso wie Jogger, Radfahrer oder Skater. Beim Jagdverhalten sollten Sie von Anfang an darauf achten, dass der Hund gar nicht erst auf den Geschmack kommt. Denn dann wird es wesentlich schwieriger, ihn zu korrigieren. Beobachten Sie Ihren Welpen unterwegs genau. Fixiert er eine »Beute« oder sehen Sie etwas, was ihn reizen könnte, rufen Sie ihn sofort mit spannender Stimme zu sich, noch bevor er losrennt. Laufen Sie dabei, falls nötig, aufgeregt ein Stück in die entgegengesetzte Richtung. Ist der Kleine bei Ihnen angekommen, belohnen Sie ihn mit einem leckeren Häppchen. Richten Sie damit die Aufmerksamkeit des Hundes so lange auf sich, bis zum Beispiel der Jogger an Ihnen vorbei ist. Reagiert der Welpe nicht, nehmen Sie ihn in Zukunft an die lange Leine (→ Seite 12).

Gewöhnung an Menschen

Der Welpe braucht auch nach der Übernahme vom Züchter noch viel positiven Kontakt zu den verschiedensten Menschen. Besonders dann, wenn

TIPP

Spaziergänge in unbekanntem Gelände

In unbekanntem Gelände fühlt sich der Welpe unsicherer als in bekanntem. So wird er dort besser Anschluss halten als zu Hause. Er lernt, stets darauf zu achten, wo Sie sind. Das wirkt sich sehr günstig auf die Bindung und Erziehung aus. Fahren Sie also häufiger in unbekanntes Terrain und gehen Sie dort ohne Leine spazieren. Ändern Sie ohne Vorankündigung immer wieder mal die Richtung und verstecken Sie sich gelegentlich. Loben Sie den Welpen ausgiebig, wenn er bei Ihnen angekommen ist.

> *Wichtig für die reibungslose Entwicklung des Welpen: sowohl Kontakte zu friedlichen Artgenossen jeden Alters als auch zu verschiedenen Menschen jeden Alters.*

er vorher zu wenige, keine oder gar schlechte Erfahrungen gemacht hat. Nehmen Sie ihn zu Bekannten mit oder wenn Sie zum Beispiel Ihr Kind zum Kindergarten bringen. Achten Sie dabei jedoch darauf, dass der Kleine nicht gerade dann gestreichelt wird, wenn er jemanden anspringt. Sonst verstärkt sich dieses unerwünschte Verhalten. Andererseits muss der Welpe auch lernen, dass sich nicht ständig alles um ihn dreht. Zum Beispiel dann, wenn Sie Besuch haben oder im

Restaurant sind. Hilft Ignorieren nicht oder versucht der Welpe, mit Protestaktionen wie Zerkauen von Schuhen Zuwendung zu bekommen, setzen Sie ihn in seine Box oder binden ihn zum Beispiel im Restaurant am Stuhlbein fest. Irgendwann wird er sich der Situation anpassen und Ruhe geben. Hatte der Welpe vorher Gelegenheit, sich zu lösen, und etwas zum Spielen oder zum Kauen, wird es ihm nicht so schwer fallen, sich eine gewisse Zeit lang ruhig zu verhalten.

Gewöhnung an Alltags-situationen

Der Hund begleitet den Menschen nahezu überall hin. Dadurch wird er mit vielen Reizen konfrontiert, die ihn verunsichern können, falls er sie als Welpe nicht kennen gelernt hat. Im Folgenden habe ich einige Beispiele aufgeführt. In Ihrem individuellen Lebensumfeld gibt es sicher noch weitere.

Bodenstrukturen: Machen Sie den Welpen mit Holzböden, glatten Steinböden, Teppichen, Asphalt, schmalen

Fußgängerstegen usw. vertraut. Auch die verschiedensten Arten von Treppen sollten auf dem »Lehrplan« stehen. Das bedeutet natürlich für den kleinen Vierbeiner nicht, ständig viele Treppen zu gehen, aber ab und zu einige Stufen sind wichtig. Bei längeren Treppen tragen Sie ihn ein Stück und lassen ihn einige Stufen selbst gehen. Ist der Welpe recht stürmisch oder die Treppe schwierig, leinen Sie ihn an.

> *Ein Leckerchen animiert den Welpen, das Hindernis zu überqueren.*

In der Stadt: Nehmen Sie den Welpen öfter mit in die Stadt. Am besten dann, wenn Sie sonst nichts erledigen müssen. Setzen Sie sich zum Beispiel in ein Straßencafé. So kann der Hund sich in Ruhe an die Geräusche, Autos und an die vorbeigehenden Menschen gewöhnen.

Müssen Sie regelmäßig mit öffentlichen Verkehrsmitteln fahren, sollten Sie den kleinen Vierbeiner auch daran gewöhnen. Das Fahren mit dem Aufzug in einem Kauf- oder Parkhaus ist ebenfalls eine nützliche Übung.

Erkundungsspaziergänge: Gemeinsames Tun stärkt die Bindung. Erforschen Sie mit ihrem vierbeinigen Junior die Umgebung. Motivieren Sie ihn zum Beispiel (→ Seite 26), über einen Baumstamm am Boden zu balancieren, oder durchwaten Sie mit ihm einen kleinen Bach.

Auto fahren

Haben Sie den Welpen beim Züchter mit dem Auto abgeholt, war dies meist seine erste Fahrt, noch dazu möglicherweise eine recht lange. Da Mutter und Geschwister nicht dabei sind, verbindet der Welpe mit diesem Ereig-

nis oft etwas Negatives. Unternehmen Sie zur weiteren Gewöhnung häufigere, kurze Fahrten. Am Ende sollte den Welpen immer etwas Positives erwarten, wie etwa ein Spaziergang oder ein Treffen mit Spielgefährten.

Achten Sie darauf, dass Ihr Hund im Auto gesichert ist. Für die Unterbringung im Fahrgastraum gibt es spezielle Sicherheitsgurte. Fährt der Hund im Heck mit, muss der Laderaum durch ein TÜV-geprüftes Gitter oder festes Netz sicher vom Fahrgastraum getrennt sein.

Wird dem Hund trotz guter Gewöhnung an das Auto häufig schlecht, kann Ihnen Ihr Tierarzt helfen.

Der ängstliche Welpe

Verhält sich Ihr Kleiner in unbekannten Situationen ängstlich oder vorsichtig, signalisieren Sie ihm durch Ihr eigenes entspanntes Verhalten, dass es keinen Grund für Angst gibt. Beruhigen Sie den Welpen nicht durch Streicheln und mitleidiges Zureden. Dadurch belohnen Sie nämlich seine Angst, wodurch sie sich verstärken kann. Versuchen Sie, den Welpen mit einem Spielzeug oder Leckerchen zum Erkunden der Situation zu motivieren. Bei Geräuschen oder Ähnlichem bleiben Sie mit ihm so lange in der Situation, bis er sich ganz oder einigermaßen beruhigt hat. Erst dann bekommt er das Leckerchen. Haben Sie gerade keine Zeit dazu, lenken Sie den Welpen mit Ihrem eigenen entspannten Verhalten ab, und animieren Sie ihn zu einem Spiel. Keinesfalls dürfen Sie den Kleinen mit Zwang an etwas »gewöhnen«.

Gemeinsames Erkunden unbekannter Situationen mit anderen Welpen ist ein wichtiger Bestandteil guter Welpenspieltage.

Welpenspieltage

Sie sind wichtig, damit der Welpe lernt, sich mit Seinesgleichen zu verständigen. Aber gehen Sie lieber in keine Gruppe als in eine schlecht geführte.

Darauf sollten Sie achten	Welpenspielgruppen sind für Welpen bis ca. 16 Wochen. Die Gruppe besteht aus 6 bis 8 etwa gleichaltrigen Welpen plus ihren Menschen. Die Welpen gehören verschiedenen Rassen an. Der Kursleiter vermittelt auch Theorie und beantwortet Fragen. Die meiste Zeit wird gespielt. Übungen macht der Besitzer mit seinem Hund, nicht der Kursleiter. Die Welpen werden zu nichts gezwungen.
Das wird vermittelt	Erlernen des innerartlichen Sozialverhaltens. Spielerisches Kennenlernen unbekannter Situationen und Geräusche. Kontakt mit anderen Menschen. Fördern der Bindung zwischen Welpe und Besitzer. Heranführen an erste Gehorsamsübungen.
Voraussetzungen	Der Welpe muss gesund und geimpft sein. Er sollte sich etwa eine Woche zu Hause eingewöhnt haben. Sie sollten ihn einige Stunden vorher nicht mehr füttern. Nehmen Sie seine Belohnungshäppchen mit.

Verhaltensdolmetscher
Welpen

Kennen Sie die Welpensprache? Hier erfahren Sie, was Ihr kleiner Vierbeiner mit seinem Verhalten ausdrücken möchte ❓ und wie Sie richtig darauf reagieren ➡.

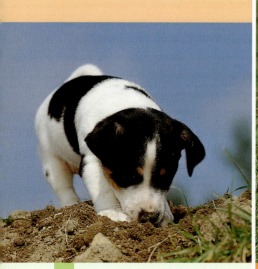

> Der Terrierwelpe beginnt interessiert zu schnüffeln und zu buddeln.
>
> ❓ Er hat ein Tier gewittert und gräbt lustvoll danach.
>
> ➡ Das fördert den Jagdinstinkt. Lenken Sie ihn deshalb sogleich ab.

> Dieser Welpe hat einen erwachsenen Dackel getroffen.
>
> ❓ Um den fremden Hund zu beschwichtigen, unterwirft sich der Welpe.
>
> ➡ Kontakt zu Artgenossen ist wichtig. Zeigt der Dackel normales Verhalten, lassen Sie sie gewähren.

Das Verhalten dieses Golden Retrievers signalisiert Unsicherheit.

? Er hat etwas gesehen oder gehört, das ihm Angst macht.

→ Ist es nichts Gefährliches, animieren Sie ihn, gemeinsam die Situation zu erkunden.

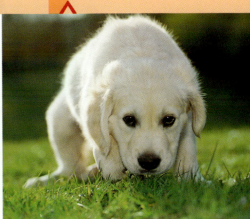

Auch wenn es vielleicht anders wirkt, diese zwei Welpen spielen miteinander.

? Im Spiel lernen Welpen den Umgang miteinander und trainieren ihren Organismus.

→ Greifen Sie nur ein, wenn es zu rau wird oder einer ständig unterlegen ist.

Das Hundekind steht gespannt da und fixiert etwas.

? Es könnte Wild gewittert haben und wird dann möglicherweise gleich losstarten.

→ Lenken Sie den Welpen mit spannender Stimme ab, bevor er losrennt.

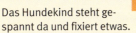

Die Mutterhündin greift dem Welpen über den Fang.

? Der Schnauzgriff ist in der Hundewelt eine verbreitete »Erziehungsmaßnahme«.

→ Einer instinktsicheren Hündin nicht bei der Erziehung »dazwischenreden«.

31

Fragen rund um die Haltung

Beeinträchtigt zu viel Menschenkontakt die Wachsamkeit des Hundes?
Hat der Hund einen angeborenen Wachinstinkt, entwickelt sich dieser von ganz allein. Auch bei häufigem Kontakt mit Menschen. Der Hund erlebt aber durch den häufigen Kontakt Menschen als etwas »Normales«. So können Sie erreichen, dass er nicht übertrieben wachsam auf Menschen reagiert. Bringen Sie aus diesem Grund bereits den Welpen regelmäßig mit dem Briefträger in Kontakt. Lassen Sie ihm dem Vierbeiner ab und zu ein Leckerchen geben.

Was tun, wenn der Welpe Besuchern gegenüber aufdringlich ist?
Der Welpe sollte kurz freundlich begrüßt und dann von allen ignoriert werden. Gibt er nach etwa einer Viertelstunde trotzdem keine Ruhe, leinen Sie ihn an und binden ihn zum Beispiel an Ihrem Stuhl fest. Ignorieren Sie ihn weiter. Nach einiger Zeit wird er sich der Situation anpassen. Nun können Sie ihn ruhig loben. Bevor Besuch kommt oder Sie jemanden besuchen, sollte der Welpe ausreichend Gelegenheit zum Toben haben, damit ein Teil seiner Energie erschöpft ist.

Ab wann darf ich meinen Welpen frei laufen lassen?
Sobald der Welpe »seine Menschen« kennt, sollten Sie ihn in geeignetem Gelände frei laufen lassen. Der Instinkt sagt dem normal veranlagten Welpen, dass er in der Natur keine Überlebenschance hat, wenn er zurückbleibt. Deshalb wird er darauf achten, den Anschluss an das Rudel nicht zu verlieren. Je jünger der Welpe ist, desto stärker ist sein Folgetrieb. So lernt er von Anfang an, dass er stets schauen muss, wo Sie sind.

Wie lernt der Welpe, auf den Straßenverkehr zu achten?
Der Straßenverkehr ist nichts Natürliches, der Hund kann deshalb auf die Gefahren, die dort lauern, nicht instinktiv reagieren. Nehmen Sie ihn in verkehrsreichen Gebieten immer an die Leine. Sie kön-

Warum faucht die so? Die Katzensprache muss der Kleine wohl noch lernen.

nen ihm außerdem beibringen, sich an Bordsteinkanten zu setzen. Dazu ist es aber nötig, dass er wirklich an jeder Sitz macht.

❓ Warum entfernen sich manche Welpen ungern vom Haus?

Für einen Welpen ist das Haus oder die Wohnung eine Art Bau, in den man bei Gefahr flüchten kann. Deshalb entwickelt der Welpe zuerst eine starke Ortsbindung. Mit der Zeit überwiegt aber die Bindung an den Menschen. Wenn er ungern mitkommt, tragen Sie den Welpen beim Spaziergang anfangs ein Stück oder fahren mit dem Auto von zu Hause weg.

❓ Soll ich meinem Hundekind auch körperlich zeigen, dass ich der »Rudelführer« bin?

Ja, das sollten Sie. Legen Sie den Welpen dazu mehrmals pro Woche freundlich, aber bestimmt auf den Rücken. Bevor Sie ihn aufstehen lassen, sollte er sich mehrere Sekunden ruhig verhalten. Wehrt er sich, halten Sie ihn kommentarlos so lange fest, bis er sich ruhig verhält. Bleiben auch Sie dabei gelassen.

❓ Mein Welpe zeigt bei Welpenspieltagen Angst vor Artgenossen. Was kann ich tun?

Auf keinen Fall dürfen Sie ihn beruhigend streicheln oder gar auf den Arm nehmen, Sie belohnen nur seine Angst. Solange sich die anderen Welpen ihm gegenüber normal verhalten, ihn zum Spiel auffordern und ihn nicht »unterbuttern«, muss er damit zurechtkommen. Gehen Sie locker und fröhlich auf die Welpen zu und animieren Sie Ihr Hundekind mitzukommen. Wird es aber übermäßig bedrängt, muss der Kursleiter korrigierend eingreifen.

❓ Wie gewöhne ich den Welpen an andere Heimtiere?

Meerschweinchen, Ratten, Vögel usw. gehören eigentlich ins Beuteschema des Hundes. Auch wenn der Welpe damit aufwächst, kann sein Jagdinstinkt durchbrechen, wenn etwa das Meerschweinchen frei herumläuft. Machen Sie den Welpen an der Leine mit anderen Heimtieren vertraut, indem Sie ihn daran schnuppern lassen. Achten Sie jedoch darauf, dass diese nicht zu sehr unter Stress geraten.

Katharina Schlegl-Kofler

MEINE TIPPS FÜR SIE

Begegnungen mit anderen Hunden

➤ Ermöglichen Sie dem Welpen viele Kontakte zu gut sozialisierten Hunden aller Altersgruppen.

➤ Der Welpe genießt bei erwachsenen Hunden nicht pauschal den Welpenschutz. Das Verhalten Welpen gegenüber wird auch von der Veranlagung und von eigenen Erfahrungen in der Sozialisierungsphase beeinflusst. Meist gibt es jedoch keine Probleme.

➤ Besuchen Sie einmal pro Woche Welpenspieltage (→ Seite 29).

➤ Wenn Sie wegen der Ansteckungsgefahr mit Welpenspieltagen warten, bis der volle Impfschutz besteht, sind die wichtigsten Wochen verstrichen. Auch auf Spaziergängen kann sich Ihr Welpe anstecken.

➤ Ihr Welpe sollte nur mit Hunden spielen, die in Größe, Gewicht und Spielverhalten zu ihm passen. Ansonsten besteht die Gefahr der Überlastung.

Fit-und-gesund-Programm

Den Welpen gesund ernähren

Die richtige Ernährung ist eine wichtige Voraussetzung für die gesunde Entwicklung des Welpen. Beachten Sie dabei ein paar Grundregeln:
➤ Sie als »Rudelführer« teilen die »Beute« zu.

➤ *Regelmäßig etwas Hartes zum Kauen ist gut für Gebiss und Kiefermuskeln.*

➤ Füttern Sie den Welpen in etwa immer zur gleichen Zeit, denn regelmäßige Mahlzeiten bewirken auch eine regelmäßigere Verdauung.

➤ Was der Welpe nach etwa zehn Minuten nicht gefressen hat, räumen Sie weg.
➤ Hat der Welpe etwas übrig gelassen, füttern Sie bei der nächsten Mahlzeit weniger.
➤ Die Mahlzeit sollte Zimmertemperatur haben. Nie darf der Hund sein Futter direkt aus dem Kühlschrank oder zu heiß bekommen.
➤ Frisches Wasser sollte für den Hund stets bereitstehen.

Die Futtersorten

Es ist wichtig, dass der Welpe spezielles Welpenfutter erhält, weil es in der Zusammensetzung auf seine Bedürfnisse abgestimmt ist. Das teuerste muss allerdings nicht unbedingt das für Ihren Hund geeignetste Futter sein.
Fertigfutter gibt es als Trocken- und Dosenfutter. Trockennahrung ist durch den Entzug von Wasser konzentriert und besonders lange haltbar. Manche Hunde mögen Trockenfutter lieber, wenn es in wenig warmem Wasser oder etwas Brühe vorgeweicht ist. Es sollte allerdings immer noch gut zu kauen sein.
➤ Ist das Futter eine Komplettnahrung, muss nichts hinzugefügt werden. Es enthält dem Hundealter entsprechend Fleisch und Getreide inklusive Mineralstoffen und Vitaminen.

TIPP

Figurtest

Auch wenn ein pummeliger Welpe besonders drollig aussieht – zu viel Babyspeck belastet Gelenke, Bänder, den Kreislauf und die Beweglichkeit. Das wirkt sich im Wachstum besonders negativ aus. Nicht jeder Hund hört zu fressen auf, wenn er satt ist. Manche würden ständig futtern. Behalten Sie deshalb die Figur Ihres Hundekindes gut im Auge.

➤ Wenn Sie den Welpen an den Flanken berühren, sollten Sie die Rippen gut tasten können.
➤ Sie sollten sich aber nicht auf dem Fell abzeichnen.

➤ Daneben gibt es Basisfuttersorten wie Hundeflocken oder Dosen mit Fleisch. Diese müssen mit der jeweils fehlenden Komponente ergänzt werden. Entweder durch Fertigprodukte oder Selbstgekochtes.

Selbst zubereitetes Futter muss sowohl Fleisch als auch Kohlenhydrate in Form von Flocken oder Reis enthalten. Verwenden Sie am besten Muskelfleisch vom Rind, Schaf oder Pferd (roh oder gekocht); Schweinefleisch bekommt der Welpe nur gelegentlich und auf jeden Fall gekocht. Achten Sie auf ein Verhältnis Fleisch zu Beikost von 2:1. Auch Vitamine und Spurenelemente dürfen im Futter nicht fehlen. Da hier ein Zuviel genauso schädlich ist wie zu wenig, sollten Sie Ihren Tierarzt um Rat fragen.

Die richtige Menge

Bei Fertignahrung finden Sie auf der Packung Mengenangaben. Aber aufgepasst! Nicht jeder Hund verwertet die Nahrung gleich. Deshalb sind diese Angaben nur grobe Richtwerte. Auch müssen die eingesetzten Belohnungshäppchen bei den Mahlzeiten berücksichtigt werden.

> *Achten Sie darauf, dass Ihr Welpe nicht irgendwo zusätzlich gefüttert wird.*

Futterumstellung

In der ersten Zeit nach der Übergabe sollte der Welpe das Futter bekommen, das er vom Züchter gewohnt ist. Möchten Sie wechseln, rate ich Ihnen zu einer schrittweisen Umstellung, um keine Verdauungsprobleme zu provozieren. Ersetzen Sie zuerst einen kleinen Teil der Mahlzeit, dann allmählich immer mehr durch das neue Futter. Nach der Welpenzeit passen Sie das Futter dem jeweiligen Alter Ihres Hundes entsprechend den Herstellerangaben auf der Packung an.

CHECKLISTE

Wie oft füttern

Bis etwa 16 Wochen:
✔ Eine Milchmahlzeit morgens (Welpenmilchprodukte aus dem Zoofachhandel).

✔ Drei Mahlzeiten Welpenfutter (nach Herstellerangaben), je eine mittags, nachmittags und abends.

Von vier bis neun Monaten:
✔ Milchmahlzeit weglassen.

✔ Drei Mahlzeiten Welpen- oder Junghundfutter, je eine morgens, mittags, abends.

Ab neun Monaten:
✔ Zwei Mahlzeiten Welpen- oder Junghundfutter.

Ab Zahnwechsel:
✔ Zusätzlich zu den Mahlzeiten zur Zahnpflege abends einen harten Hundekuchen o. Ä.

37

Das Einmaleins der Pflege

Körperpflege sollte für den Hund etwas Selbstverständliches sein. Machen Sie den Welpen daher frühzeitig damit vertraut. Er sollte sich stets überall anfassen lassen.

An Pflege gewöhnen

Mehrmals wöchentlich stehen schon beim Welpen Bürsten, Kontrolle von Augen, Ohren, Zähnen oder Krallen sowie Putzen der Pfoten auf dem Programm. Üben Sie unabhängig davon, ob diese Pflegeschritte gerade notwendig sind. Verbinden Sie jede dieser Maßnahmen mit einem bestimmten Wort, dann wird der Welpe bald wissen, was gemeint ist.

Lässt er alles geschehen, belohnen Sie ihn am Ende mit einem Häppchen oder Spiel. Wehrt er sich, machen Sie ruhig und beständig weiter und beenden die Übung erst, wenn er sich beruhigt hat.

Pflegemaßnahmen

Augen: Mit einem weichen Tuch die Augenwinkel auswischen. Rassen mit »Triefaugen« brauchen mehr Pflege als andere (→ Foto rechts oben). Damit der Hund keine Bindehautentzündung bekommt, sollte er beispielsweise beim Autofahren nie zum Fenster hinausschauen.

Ohren: Nur den äußeren Gehörgang mit einem ölgetränkten Tuch auswischen. Hunde mit Hängeohren neigen eher zu Problemen als solche mit Stehohren (→ Foto rechts Mitte). Achten Sie darauf, dass keine Haare in den Gehörgang wachsen. Den inneren Gehörgang wegen der Verletzungsgefahr bitte nicht selbst säubern. Verwenden Sie deshalb für die Ohrenpflege auch keine Wattestäbchen oder Ähnliches.

Fell: Das Bürsten wirkt sich nicht nur positiv auf Haut und Fell aus (→ Foto rechts unten), sondern auch stärkend auf den Zusammenhalt zwischen Hund und Mensch.

Krallen: Sind sie zu lang, sollten sie mit einer Krallenzange gekürzt werden. Achten Sie dabei darauf, dass keine Blutgefäße verletzt werden. Am besten lassen Sie sich die richtige Schnitttechnik vom Tierarzt zeigen.

Zahnwechsel: Etwa im vierten Monat beginnt der Zahnwechsel. In dieser Zeit braucht der Vierbeiner genügend zum Kauen und Nagen, wie Büffelhautröllchen oder Ochsenziemer. Ist ein Zahn »doppelt« vorhanden, weil der Milchzahn nicht ausfällt, sollten Sie den Tierarzt konsultieren.

> *Rassen mit Schlappohren, wie dieser Spaniel, neigen zu Ohrproblemen.*

1 Augenpflege

Besonders über Nacht kann sich in den Augenwinkeln etwas Sekret ansammeln. Entfernen Sie es am besten gleich mit einem weichen, feuchten, sauberen Lappen. So vermeiden Sie, dass das Sekret verkrustet.

2 Ohrenpflege

Das Innere der Ohren sollte regelmäßig auf Krankheitsanzeichen und Fremdkörper kontrolliert werden. Zur allgemeinen Reinigung können Sie Babyöl oder spezielle Ohrenreiniger aus dem Zoofachhandel verwenden.

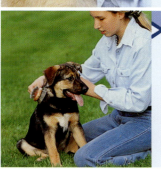

3 Fellpflege

Bürsten Sie das Fell mit ruhigen Bewegungen mit dem »Strich«, also in Wuchsrichtung von vorn nach hinten. Bei langhaarigen Hunden bitte darauf achten, dass sie beim Bürsten nicht zu sehr geziept werden.

CHECKLISTE

Pflegeplan

Haut- und Fellpflege:
✔ Kurz- und stockhaarige Rassen mehrmals wöchentlich bürsten.

✔ Langhaarige Rassen täglich bürsten.

✔ Beim Bürsten die Haut auf Verkrustungen, Parasiten usw. untersuchen.

Ohrenpflege:
✔ Etwa alle zwei Wochen äußeren Gehörgang reinigen.

✔ Auf Krankheitsanzeichen achten (→ Seite 41).

Zahnpflege:
✔ Häufige Kontrolle während des Zahnwechsels, ansonsten gelegentlich.

✔ Täglich etwas Hartes zum Kauen geben.

✔ Bei Tierarztbesuchen das Gebiss routinemäßig nachschauen lassen.

Augenpflege:
✔ Reinigung bei Bedarf.

Pfoten- und Krallenpflege:
✔ Besonders im Winter Ballen regelmäßig kontrollieren.

✔ Bei trockenen oder rissigen Ballen diese z. B. mit Hirschtalg einreiben.

✔ Krallen bei Bedarf kürzen.

✔ Bei so genannten Afterkrallen an den Seiten der Hinterbeine den Tierarzt wegen eventueller Verletzungsgefahr konsultieren.

Baden: Zum Schutz von Haut und Fell sollte der Welpe so wenig wie möglich gebadet werden. Bei »normaler« Verschmutzung genügt es, ihn zu bürsten oder mit lauwarmem Wasser abzubrausen. Hinterher wird er gut abfrottiert. Ist ein Vollbad nötig, etwa wenn sich der Kleine in Unrat gewälzt hat, sollten Sie ein spezielles Hundeshampoo (Zoofachhandel) verwenden.

Gesundheitsvorsorge

Mit regelmäßiger Vorsorge lassen sich viele Gesundheitsprobleme vermeiden.

Der Tierarztbesuch

Einige Tage nach der Übernahme sollten Sie den ersten Tierarztbesuch planen. Nur zum Kennenlernen, ohne eine Behandlung. So verbindet der Welpe den Tierarzt nicht von vornherein mit etwas Negativem.

Die Impfungen

Regelmäßige Impfungen schützen den Hund vor gefährlichen Krankheiten. **Die erste Impfung** gegen Staupe, Hepatitis und Leptospirose bekommt das Hundekind beim Züchter mit etwa acht Wochen. Diese ist im Impfpass vermerkt. **Eine Wiederholungsimpfung** gegen diese Krankheiten sowie gegen Tollwut und Parvovirose wird zwischen der 12. und 14. Woche fällig. Dieser Impfschutz muss jährlich mit einer Fünffachimpfung aufgefrischt werden. Bei der Impfung sollte der Hund ganz gesund, frei von Flöhen und entwurmt sein.

Entwurmen

Es gibt verschiedene Wurmarten, die den Hund befallen können. Manche sind auch auf den Menschen übertragbar. Die ersten Entwurmungen mit sechs und acht Wochen führt der Züchter durch. Dann wird der Hund jeweils mit drei, sechs und neun Monaten entwurmt, später etwa zweimal jährlich. Leben Kinder im Haushalt, empfehlen manche Tierärzte auch vierteljährliche Wurmkuren. Geeignete Präparate erhalten Sie beim Tierarzt.

Hautparasiten

Kontrollieren Sie das Fell regelmäßig auf Hautparasiten wie Zecken, Flöhe und Milben. Oft deutet vermehrtes Kratzen auf unliebsame Besucher hin. Geeignete Präparate hält Ihr Tierarzt bereit.

➤ Flöhe lassen sich bei leichtem Befall und rechtzeitigem Erkennen durch ein Präparat abtöten, das auf die Haut des Hundes geträufelt wird. Bei stärkerem Befall muss auch die ganze Umgebung des Hundes behandelt werden, denn Eier und Larven sitzen auch in Ecken, auf Teppichen und unter Möbeln.

➤ Ekzeme, Verkrustungen und Haarausfall können auf Milben hinweisen. Die Symptome können allerdings auch für eine Allergie sprechen.

➤ Zecken → Seite 43.

➤ *Vorsicht beim Herumstreunen: Auf den Welpen lauern viele Gefahren.*

Krankheitsanzeichen

Symptome	Mögliche Ursachen	Maßnahmen
Durchfall und/oder Erbrechen	Verdorbener Magen; Infekt	Ein Fastentag mit verdünntem schwarzem Tee, dann einen Tag Schonkost. Wenn keine Besserung, zum Tierarzt.
Erbrechen ohne Kotabsatz, verspannter Bauch	Fremdkörper im Darm	Sofort zum Tierarzt[1]
Lahmen	Überlastung, Verstauchung, Gelenkerkrankung	Einige Tage schonen. Wenn keine Besserung, zum Tierarzt.
Kopfschütteln, Kratzen am Ohr, Schiefhalten des Ohres	Ohrenentzündung, Fremdkörper im Ohr	Besuch beim Tierarzt[2]
Husten, Würgen	Halsentzündung, Zwingerhusten Fremdkörper im Hals	Besuch beim Tierarzt[2] Sofort zum Tierarzt[1]
Tränende Augen, eitriger Ausfluss	Augenentzündung, erbliche Augenerkrankungen, Fremdkörper im Auge	Besuch beim Tierarzt[2]
Starkes Speicheln, Schäumen aus dem Maul mit Erbrechen	Vergiftung	Sofort zum Tierarzt[1]
Haarausfall, Juckreiz, Ekzembildung	Allergien, Hautparasiten	Besuch beim Tierarzt[2]
Hautausschlag ohne Juckreiz an Bauch oder Achselhöhle	Junghundpyodermie	Besuch beim Tierarzt[2]
Rutschen auf dem Hinterteil (»Schlittenfahren«)	Verstopfte oder entzündete Analdrüsen	Besuch beim Tierarzt[2]
Apathie, Appetitlosigkeit	Verschiedenste Ursachen	Baldmöglichst zum Tierarzt[3]
Auffallend schnelles Ermüden	Herzerkrankung	Hund schonen und bald zum Tierarzt[3]
Häufiges Absetzen kleiner Mengen Urin	Blasenentzündung	Baldmöglichst zum Tierarzt[3]

Dies sind nur Beispiele. Suchen Sie den Tierarzt immer dann auf, wenn Ihr Welpe ein ungewohntes Verhalten zeigt.

1) Eile ist geboten; möglichst sofort gehen.
2) Der Tierarzt sollte in den nächsten Tagen konsultiert werden.
3) Gehen Sie in den nächsten acht bis zehn Stunden zum Tierarzt.

41

Fragen rund um die Ernährung und Pflege

? **Wie sieht eine selbst zubereitete Tagesration in etwa aus?**

Ein zwölf Wochen alter Welpe einer mittelgroßen Rasse könnte etwa so gefüttert werden: eine Milchmahlzeit (Fertigfutter), dazu auf drei Mahlzeiten verteilt acht bis neun Esslöffel Fleisch, einein- halb Tassen Hundeflocken bzw. Reis oder Haferflocken; dazu ein paar Tropfen Distel- öl und einen Esslöffel Joghurt oder Quark. Mineralstoffe und Vitaminpräparate verab- reichen Sie nach Anweisung des Tierarztes. Auch Obst und Gemüse lieben viele Welpen.

? **Wie viel darf sich ein Welpe bewegen?**

Der Welpe sollte keine zu lan- gen Spaziergänge machen, da diese Art der Bewegung für die noch weichen Knochen und Bänder zu einseitig ist. Bis zum Ende des vierten Monats reichen drei- bis vier- mal täglich 15 bis 20 Minu- ten. Wichtig ist aber das Spiel mit Ihnen und mit Artgenos- sen. Hier sind die Bewegungs- abläufe nicht gleichförmig, und der gesamte Organismus wird trainiert. Berücksichti- gen Sie dabei das Wesen Ihres Welpen. Manche haben ein größeres Bewegungsbedürf-

nis, andere mögen es dagegen lieber gemütlicher.

? **Kann ich meinem Wel- pen Essensreste geben?**

Grundsätzlich sollte der Welpe keine Essensreste bekommen, da diese für ihn meist nicht sehr bekömmlich sind. Gebratenes und Ge- würztes ist für den Hund schädlich. Haben Sie aber Nudeln oder gekochte Kar- toffeln (ungewürzt) übrig, werden diese dem Hund nicht schaden. Füttern Sie ihn aber keinesfalls vom Tisch, sonst gewöhnt er sich das Betteln an.

? **Darf der Welpe im Winter ins Wasser?**

Ganz junge Welpen sollten im Winter besser nicht baden. Hündinnen können sich dabei leicht eine Blasenent- zündung holen. Es gibt aber Wasserratten, die auch im

> *Richtig gefüttert und gut gepflegt fühlt sich der Welpe rundum wohl.*

Winter nicht zu halten sind. In diesem Fall müssen Sie den Hund anschließend gut abtrocknen und möglichst bald ins Warme bringen. Bleibt er nass und ohne Bewegung im Kühlen, wird er leicht krank.

❓ Soll ich dem Welpen vorbeugend ein Ungezieferhalsband anlegen?

Davon rate ich Ihnen ab, denn solche Halsbänder dünsten ständig Chemikalien aus und innerhalb der Wohnung kann sich das Schädlingsgift konzentrieren. Das ist bedenklich, besonders wenn Sie Kinder haben. Fragen Sie Ihren Tierarzt nach anderen Möglichkeiten.

❓ Wann werden Hunde geschlechtsreif?

Meist im Lauf des zweiten Lebenshalbjahres, manchmal auch später. Hündinnen werden dann läufig, Rüden heben beim Pinkeln das Bein und interessieren sich zunehmend für die Hundedamen. Da Hormone verschiedene Funktionen im Körper erfüllen, erscheint es sinnvoll, mit einer eventuellen Kastration zu warten, bis der Vierbeiner geschlechtsreif ist.

❓ Ab wann ist der Hund ausgewachsen?

Ihre endgültige Schulterhöhe haben Hunde meist mit etwa zehn Monaten erreicht. Bis sie ganz ausgewachsen sind, dauert es je nach Rasse noch etwa zwölf bis 18 Monate. In dieser Zeit entwickeln sich zum Beispiel die Knochenstärke und Tiefe des Brustkorbs weiter. Kleine Rassen sind schneller erwachsen als große.

❓ Wie lassen sich Zecken entfernen?

Auf hellen Hunden sieht man sie oft noch krabbeln, bevor sie sich in die Haut bohren. Hat sich die Zecke schon festgebissen, entfernen Sie sie am besten mit einer Zeckenzange (Zoofachhandel). Die kleine Beule an der Bissstelle verschwindet nach einigen Tagen.

❓ Braucht der Welpe unbedingt Abwechslung beim Futter?

Nein. Haben Sie sich für ein Futter entschieden und mag es der Hund, bleiben Sie dabei. Sie können es ab und zu bereichern (→ Tipps rechts). Machen Sie aber nicht zu viel Aufhebens um das Füttern, sonst erziehen Sie den Welpen zum heiklen Fresser.

Katharina Schlegl-Kofler

MEINE TIPPS FÜR SIE

Richtig füttern

➤ Wenn Sie eine Vollnahrung füttern, ist es nicht nötig, ständig Fleisch oder Beikost dazuzugeben. Sonst entsteht ein Ungleichgewicht bei den Nährstoffen.

➤ Geben Sie ab und zu ein rohes Eigelb, etwas Joghurt, geschnittenes Obst und Gemüse sowie einen Löffel Distelöl ins Futter.

➤ Achten Sie beim Kauf des Futters darauf, dass keine Farbstoffe oder sonstigen Chemikalien enthalten sind. Kaufen Sie am besten im Zoofachgeschäft.

➤ Füttern Sie den Welpen in etwa zu festen Zeiten und zu Hause immer am gleichen Ort. Nach der Mahlzeit spielen Welpen meist etwas und schlafen dann. Sie sollten nun nicht gestört werden.

➤ Welpen mit empfindlichem Verdauungssystem kommen mit Futter, das Lamm oder Pute kombiniert mit Reis enthält, oft besser zurecht.

Erziehungs- und Spiel-Programm

In der Welpenschule

Auch eine sorgfältige Erziehung trägt zu einem harmonischen Zusammenleben bei. Da Hundekinder sehr gern lernen, ist ihre Erziehung mit dem nötigen Wissen eigentlich ganz einfach.

Den hochspringenden Hund nicht beachten! Er tut es sonst immer wieder.

So lernt der Welpe

Alle Verhaltensweisen, die dem Hund einen Vorteil bringen, wird er gern wiederholen. Macht der Hund zum Beispiel die Erfahrung, dass er durch Zerren an der Leine dorthin gelangt, wohin er möchte, wird er immer wieder an der Leine zerren. Stellt er dagegen fest, dass ein Verhalten nichts bringt oder gar mit einem negativen Erlebnis verbunden ist, wird er es mit der Zeit lassen.

Fazit: Achten Sie bei der Erziehung des Welpen ganz bewusst darauf, dass Sie
➤ erwünschtes Verhalten gezielt belohnen;
➤ unerwünschte Erfolgserlebnisse bewusst vermeiden.

Richtig kommunizieren

Für die Erziehung ist es notwendig, dass sich Mensch und Hund verstehen.

Stimme: Der Hund orientiert sich am Klang und Tonfall der Stimme. Daraus hört er Lob, Tadel, Unsicherheit, Selbstsicherheit, Nervosität usw. des Menschen. Den Sinn der Wörter kann er nicht begreifen. Deshalb sollten Sie den Vierbeiner nicht mit Erklärungen, Fragen und dergleichen überschütten, sonst reagiert er nicht mehr auf Ihre Kommandos. Viel besser ist es, den Hund ganz gezielt anzusprechen.

Körpersprache: Der Hund entnimmt auch der Körpersprache des Menschen vieles, zum Beispiel, ob Sie unsicher oder nervös sind oder Souveränität ausstrahlen. Außerdem können Sie durch die Körpersprache Ruhe oder Bewegung vermitteln.

Um vom Vierbeiner ernst genommen zu werden, sollten Sie ihm gegenüber möglichst souverän und selbstsicher auftreten. Er fühlt sich sicher und geborgen, wenn er das Gefühl hat, einen fähigen Rudelführer zu haben, der sozusagen das Überleben des Rudels sichern kann.

Für eine erfolgreiche Kommunikation müssen Stimme und Körpersprache richtig kombiniert werden und das Gleiche ausdrücken.

Motivation ist alles

Um dem Hundekind etwas beizubringen, wird es ausschließlich positiv motiviert. Das bedeutet, die Situationen so zu gestalten, dass der Welpe in Erwartung einer Belohnung freudig das tut, was Sie gern möchten. Zwang ist völlig fehl am Platz.

Die Belohnungen können dabei unterschiedlich ausfallen: mal als leckeres Häppchen oder eine Streicheleinheit, mal als freundliche Stimme oder ein gemeinsames Spiel. Beginnt ein Welpe gerade mit dem Erlernen einer Übung, ist eine fressbare Belohnung besonders wirksam. Denn sie ist für das hungrige Hundekind ein besonderer Reiz. Außerdem lässt sie sich gezielt im richtigen Moment einsetzen.

> *Eine Belohnung in Aussicht, lernt der Welpe schnell und mit Freude.*

Artgerecht zurechtweisen

Gelegentlich werden Sie Ihr Hundekind zurechtweisen müssen – doch bitte nur artgerecht. Hier die beiden häufigsten Maßnahmen.

Ignorieren: Das bedeutet den Hund weder anzusehen noch sonst irgendwie Kontakt aufzunehmen. Unerwünschte Verhaltensweisen, mit denen der Hund keinen Schaden anrichten und niemanden gefährden kann, lassen sich durch Ignorieren gut beeinflussen. Beispiele sind Betteln am Tisch oder aufdringliches Verhalten. Konsequenz ist dabei oberstes Gebot.

Schnauzgriff: Dabei wird der Fang des Hundes mit der Hand von oben umfasst – je nach Situation und Persönlichkeit des Hundes mit mehr oder weniger Druck. Den Schnauzgriff setzen Sie zum Beispiel ein, wenn der Welpe während des Spiels in die Hände oder Kleidung beißt, am Teppich knabbert oder etwas nicht hergeben will. Bleiben Sie dabei immer ruhig, und kombinieren Sie den Schnauzgriff mit einem ruhigen, strengen »Pfui«.

CHECKLISTE

Anspringen vermeiden

So vermeiden Sie, dass Ihr Welpe Menschen anspringt:

✔ Springt er an Ihnen hoch, drehen Sie sich stets kommentarlos von ihm weg.

✔ Wenden Sie sich ihm nur zu, wenn er mit allen vier Füßen auf dem Boden steht.

✔ Tauchen draußen Spaziergänger auf, den Welpen rechtzeitig anleinen.

✔ Kommt Besuch, Personen auf richtiges Verhalten hinweisen (→ oben).

✔ Besuch sollte sich nicht sofort dem Hund zuwenden.

✔ Achten Sie darauf, dass der Welpe bei niemandem mit Anspringen eine positive Erfahrung macht.

Erziehungsübungen für den Welpen

Sobald der Welpe eingezogen ist und seine neue Umgebung kennen gelernt hat, muss er erste wichtige Dinge lernen.

Gewöhnung an Halsband und Leine

Wehrt sich der Vierbeiner noch gegen Halsband und

> Mit Geduld akzeptiert der Welpe Halsband und Leine nach wenigen Tagen.

Leine, legen Sie ihm beides während des Fressens an und anschließend wieder ab. Das Halsband wird den Welpen schon bald nicht mehr stören,

und er kann es dann auch längere Zeit tragen.

Mit der Leine kann es etwas länger dauern. Ein Spiel an der Leine oder Motivation mit Leckerchen werden dem Welpen helfen, auch die Leine zu akzeptieren. Gehen Sie anfangs jedoch nur kurze Strecken mit ihm an der Leine.

Stubenreinheit

Bringen Sie den Welpen gleich nach der Ankunft an den Platz, an dem er in der nächsten Zeit seine »Geschäfte« erledigen soll. Loben Sie ihn, falls er sich jetzt löst. Im Haus sollten Sie ihn ständig im Auge behalten. Sobald er am Boden sucht oder

Anstalten macht, sich entsprechend hinzusetzen, bringen Sie ihn zu seinem Löseplatz. Sagen Sie, während er sich löst, immer ein bestimmtes Wort Ihrer Wahl, dann wird er beides bald verknüpfen. Damit können Sie ihn draußen auch ein wenig animieren, sich zu lösen. Die Nacht sollte der kleine Wicht in einer genügend großen Kiste oder Hundebox ganz in Ihrer Nähe verbringen. Da er sein Lager nicht beschmutzen will, wird er winseln, wenn er »muss«. Dann können Sie ihn rasch hinausbringen. So lernt er, sich sowohl tagsüber als auch nachts draußen zu lösen.

TIPP

Stimme bewusst einsetzen

Wollen Sie den Welpen auf sich aufmerksam machen und vielleicht gleichzeitig noch von etwas anderem ablenken, ist die Stimmlage besonders wichtig. Ihre Stimme sollte richtig mitreißend und spannend klingen, sodass dem Welpen, vermenschlicht ausgedrückt, signalisiert wird: »Da muss etwas ganz Tolles sein, da muss ich unbedingt sofort hin.« Bei Ihnen angekommen, loben Sie ihn überschwänglich. Probieren Sie aus, wie viel »Action« bei Ihrem Welpen nötig ist, damit er so »denkt«.

Auslassen

Der Hund muss sich von Ihnen jederzeit alles wegnehmen lassen, schon zu seiner eigenen Sicherheit. Hat der Welpe ein Spielzeug, einen Kauknochen oder Ähnliches, nehmen Sie ihm das ab und zu mit dem Kommando »Aus« ab. Nehmen Sie ihm auch gelegentlich während des Fressens die Futterschüssel kurz weg.

Bleibt der Welpe freundlich, bekommt er zur Belohnung entweder ein Leckerchen oder sein Futter bzw. das Spielzeug wieder. Knurrt er, machen Sie einfach weiter. Erst wenn er wieder freundlich ist, bekommt er die Dinge wieder.

Alleinbleiben

Als Überleitung zum Alleinbleiben empfehle ich Ihnen, schon den jungen Welpen daran zu gewöhnen, Ihnen nicht auf Schritt und Tritt zu folgen. Er muss weder mit ins Bad noch in den Keller. Liegt er zum Beispiel auf seinem Bett, sollte er nicht stets sofort folgen, wenn Sie in ein anderes Zimmer gehen. »Klebt« der Welpe ständig an Ihnen, ist der Einsatz einer Box ratsam, um innerhalb des Hauses für kurze Zeit eine Distanz

> *Ein Hund bleibt nicht gern allein, wenn er als Welpe zu früh allein bleiben musste und sich etwa durch Lärm erschreckt hat.*

zwischen Ihnen und dem Welpen herzustellen.

Ist der Kleine etwa vier Monate alt, können Sie ihn allmählich einige Minuten allein in der Wohnung lassen. Am besten dann, wenn er etwas müde ist. Schrittweise dehnen Sie dann die Zeit in den nächsten Wochen aus. Verbinden Sie das Alleinbleiben mit einem bestimmten Wort, etwa »Warten«. Machen Sie weder um das Weggehen noch um das Zurückkommen viel Aufhebens.

Erste Gehorsamsübungen

Damit auch der Gehorsam zum »Weltbild« des Hundekindes gehört, stehen bereits im Welpenalter erste Übungen auf dem Programm. Trainieren Sie anfangs ohne Ablenkung, am besten in der Wohnung. Damit der Welpe sich nicht entziehen kann, üben Sie mit ihm außer beim Kommen immer an der lockeren Leine. Setzen Sie die Leine aber nicht ein, um den Welpen in eine bestimmte Position zu bringen. Es wird immer mit positiver Motivation und ohne Zwang gearbeitet, dann haben Sie sicher Erfolg.

Rufen ohne Kommando

Solange das Hundekind das Kommen auf Kommando (→ rechts) nicht beherrscht, locken Sie ihn zu sich, indem Sie seinen Namen rufen. Sobald er zu Ihnen schaut, laufen Sie weg und locken ihn mit spannender Stimme zu sich. Ist er da, Loben nicht vergessen! Der Welpe soll von Anfang an lernen, darauf zu achten, wo Sie sind. Ändern Sie beim Spaziergang deshalb immer wieder ohne Ankündigung die Richtung, und verstecken Sie sich ab und zu hinter einem Busch. Nur wenn der Welpe nach einigem Warten gar nicht oder sehr verunsichert reagiert, sollten Sie ihm mit Ihrer Stimme ein Zeichen geben.

Kommen auf Ruf oder Pfiff

Damit diese Übung sitzt, muss der Welpe sorgfältig und mit System daran gewöhnt werden. Ganz wichtig ist, dass er in der Sozialisierungsphase (→ Seite 22) nie die Erfahrung macht, dass er dieses Kommando ignorieren kann. Deshalb ist es ratsam, diese Übung etwa die ersten

1 Der Welpe zerrt

Hoppla, nicht so eilig! Der Welpe zieht an der straffen Leine nach vorn. Geben Sie ihm nicht nach, sonst lernt er, dass er damit Erfolg hat.

2 Stehenbleiben

Strafft sich die Leine, bleiben Sie kommentarlos stehen und warten so lang, bis der Welpe sich so verhält, dass die Leine wieder locker durchhängt.

3 Weitergehen

Nun gehen Sie weiter und sagen, während die Leine locker ist, z. B. »Langsam«. Der Welpe verbindet das Hörzeichen mit Gehen an lockerer Leine.

zwei, drei Wochen ohne Ablenkung nur im Haus und in Verbindung mit den Fütterungen zu trainieren (→ Checkliste rechts).

Der Anfang: Während Sie die Mahlzeit zubereiten, sollte sich der Welpe unter der Obhut einer zweiten Person in einem anderen Zimmer aufhalten. Rufen Sie den Welpen mit »Hier« oder einem langen Pfiff mit einer auch für Sie hörbaren Hundepfeife. Ist er bei Ihnen angekommen, loben Sie ihn jedes Mal ausgiebig und füttern ihn. Sind Sie allein und sitzt der Welpe schon bei Ihnen in der Küche, geben Sie das Kommando, bevor Sie dem Welpen seinen Napf hinstellen.

Für Fortgeschrittene: Erst nach etwa drei Wochen rufen Sie ihn unterwegs mit diesem Kommando zu sich. Aber nur, wenn er unter Kontrolle ist – das heißt, während er schon auf dem Weg zu Ihnen ist oder wenn er im Fall eines Falles mit der langen Leine (→ Seite 12) »notgebremst« werden kann.
Falls sich Fehler einschleichen und der Welpe nicht mehr flott kommt, trainieren Sie das Kommen auf Ruf erneut in der Wohnung.

> *Entfernen Sie sich vom Welpen. Auf Ruf wird er freudig zu Ihnen kommen.*

Leinenführigkeit

Beim Gehen an der Leine kommt es darauf an, dass der Welpe möglichst keinen Erfolg mit dem Zerren hat. Wie Sie darauf richtig reagieren können, sehen Sie auf den Fotos links. Der Welpe sollte deshalb auch von Anfang an lernen, an der Leine andere Hunde zu ignorieren.

Bei Fuß

Aufgabe des Welpen ist, beim Kommando »Fuß« an lockerer Leine an der Seite des Besitzers zu laufen. Ob Sie ihn rechts oder links führen, ist

CHECKLISTE

So kommt der Welpe

Etwa eine Woche lang:
✔ Der Welpe ist mit jemandem in einem anderen Raum.

✔ Bereiten Sie die Mahlzeit.

✔ Rufen oder pfeifen Sie dem Welpen.

✔ Kommt er, wird er gelobt und gefüttert.

Etwa eine weitere Woche:
✔ Futterration etwas kürzen.

✔ Welpen tagsüber öfter aus verschiedenen Zimmern rufen/pfeifen und belohnen.

✔ Achtung: Leckerchen und Pfeife immer dabei haben.

Etwa eine weitere Woche:
✔ Wie oben, aber nun Welpen auch aus dem Garten rufen oder pfeifen.

egal. Wichtig ist, dass Sie immer die gleiche Seite wählen. Möchten Sie ihn links führen, halten Sie die Leine so in der rechten Hand, dass sie ein wenig durchhängt. In die linke Hand nehmen Sie ein Leckerchen. Die Hand bleibt in Kopfhöhe des Welpen an Ihrem Bein. Machen Sie ihn nun auf das Häppchen aufmerksam und gehen Sie los. Während des Gehens knabbert und leckt der Welpe am Häppchen, Sie behalten es aber in der Hand. Nennen Sie während des Gehens einige Male das Kommando »Fuß«.

Nach wenigen Metern lassen Sie den Welpen sitzen und geben ihm das Häppchen. Mit der Zeit dehnen Sie die Strecke immer weiter aus und bauen auch Kreise und Schlangenlinien ein.

Auflösungshörzeichen

Mit diesem Hörzeichen, etwa »Fertig« oder »Lauf«, entlassen Sie den Hund aus einer Übung. Jedes Kommando muss von Ihnen durch ein anderes oder das Auflösungshörzeichen aufgehoben werden. Ein Beispiel: Bevor der Hund abgeleint wird, lassen Sie ihn sitzen. Nach dem Ableinen warten Sie noch ein wenig (Welpen gegebenenfalls noch leicht am Halsband festhalten), dann lassen Sie den Vierbeiner mit dem Hörzeichen laufen.

Sitz

Das ist die einfachste Übung. Halten Sie ein Leckerchen über den Kopf des Welpen. Er darf es nicht erwischen können. Egal, was der Hund tut, warten Sie so lange, bis er sich setzt. Erst jetzt sagen Sie einige Male das Hörzeichen »Sitz«, geben ihm gleich das Häppchen, loben ihn und kraulen ihn ruhig an der Brust.

Geben Sie ihm seine Belohnung aber nur, wenn alle vier Pfoten auf dem Boden sind. Nach wenigen Momenten lösen Sie die Übung auf. Erst nach und nach lassen Sie den Welpen länger sitzen.

Platz

Sobald der Welpe das Sitz kann, beginnen Sie mit dem Platz. Diese Übung lässt sich gut trainieren, wenn der Welpe schon etwas müde ist. So legt er sich gern hin.

> *Verfolgen nicht erlaubt! Lenken Sie den Welpen mit einem Leckerchen ab.*

1 ▶ ### Platz und Bleib

Üben Sie am besten, wenn der Welpe etwas müde ist. Legen Sie ihn neben sich ins Platz und sagen Sie, bevor Sie weggehen, ruhig »Bleib«.

2 ▶ ### Platz und Bleib

Stellen Sie sich dicht vor den Hund, anfangs nur wenige Sekunden. Bleiben Sie aufrecht stehen, und achten Sie auf eine lockere Leine.

3 ▶ ### Platz und Bleib

Nach einigen Tagen dehnen Sie Abstand und Zeit etwas aus. Aber immer nur dann, wenn der Welpe entspannt liegen bleibt.

▶ Lassen Sie den Welpen an Ihrer Seite sitzen und halten Sie ihm ein leckeres Häppchen direkt vor die Nase.

▶ Sobald er sich darauf konzentriert, führen Sie das Häppchen langsam parallel zu seinen Vorderbeinen nach unten bis zum Boden, dann langsam nach vorn.

▶ Liegt der Hund, bekommt er die Belohnung. Nennen Sie erst jetzt ein paar Mal mit ruhiger Stimme das Hörzeichen »Platz« und streicheln ihm dabei behutsam über den ganzen Rücken.

Nach kurzer Zeit animieren Sie den Welpen durch eine motivierende Bewegung oder mit einem weiteren Leckerchen zum Sitzen und beenden die Übung. Auch hier lernt der Vierbeiner allmählich, länger im Platz zu bleiben. Das Leckerchen gibt es erst dann, wenn der Welpe zum Beispiel eine halbe Minute oder länger ruhig im Platz gelegen ist.

Bleib

Erst wenn der Welpe ganz entspannt eine Zeit lang an Ihrer Seite sitzen und im Platz liegen kann, können Sie mit ersten Bleib-Übungen beginnen. Wichtig ist, hier nicht zu ehrgeizig zu sein. Ist der Welpe recht jung und beim Sitz und Platz noch ungeduldig, ist das »Bleib« noch zu schwer. Außerdem ist beim jungen Welpen der Nachfol-

geinstinkt sehr stark, was es zusätzlich erschwert.

»Bleib« bedeutet, dass der Hund im Sitz oder im Platz an einer bestimmten Stelle bleibt, während Sie sich von ihm entfernen. Ausgangsposition ist die Grundstellung, das heißt, der Hund sitzt oder liegt an Ihrer Seite. Zu Anfang entfernen Sie sich nur etwa 30 Zentimeter und nur wenige Sekunden vom Welpen. Nach kurzem Stehenbleiben vor dem Hund gehen Sie in die Ausgangsstellung zurück und loben ihn. Nur ganz allmählich steigern Sie Entfernung und Dauer. Steht der Vierbeiner auf, bringen Sie ihn an die ursprüngliche Stelle zurück.

Die schönsten Spiele

Gemeinsames Spielen ist ganz wichtig für die Entwicklung einer vertrauensvollen Hund-Mensch-Bindung. Doch Spiel ist für den Hund nicht nur Spaß, sondern bedeutet auch Lernen. Deshalb gibt es auch dafür bestimmte Regeln (→ Checkliste rechts).

> Mit dem richtigen Spielzeug macht Spielen noch mal so viel Spaß.

Geben Sie dem Welpen nur ein paar Spielsachen, mit denen er sich allein beschäftigt. Ein oder mehrere Spielzeuge, die er sehr gern mag,

sollten Sie verwahren. Diese setzen Sie gezielt ein, wenn Sie den Hund zum Spiel auffordern. Anschließend werden sie wieder weggeräumt. Der Trick: Kommt Ihr Welpe nur mit Ihnen in den Genuss seines Lieblingsspielzeugs, werden Sie für ihn besonders wichtig und interessant.

Spielideen für drinnen und draußen

Was Sie mit dem Hund spielen, hängt von der Neigung des Vierbeiners und dem persönlichen Geschmack ab. Manche Welpen bringen begeistert etwas, andere lieben vielleicht Ziehspiele mehr, wieder andere wollen etwas zum »Denken«.

Suchspiele können Sie sowohl im Haus als auch im Garten spielen. Verstecken Sie ein Spielzeug oder Leckerchen leicht erreichbar und nicht zu weit vom Welpen entfernt. Lassen Sie ihn anfangs dabei zusehen. Nun animieren Sie ihn mit spannender Stimme zum Suchen. Wenn nötig, gehen Sie mit ihm auf die Suche.

Mit zunehmendem Können gestalten Sie das Suchspiel schwieriger. Lassen Sie den Hund beim Verstecken nicht mehr zuschauen und wählen Sie schwierigere Verstecke. **Beutespiele** sind ebenfalls für drinnen und draußen geeignet. Ideal für solche Spiele sind ein Schleuderball oder ein geknotetes Tau. Zuerst machen Sie den Welpen mit spannender Stimme auf das Spielzeug aufmerksam. Ist er schon »heiß« darauf, verstecken Sie es einige Male hinter dem Rücken oder ziehen es im Zickzack über den Boden. Nun darf der Welpe daran ziehen, während Sie es in der Hand behalten. Trägt oder bringt der Welpe gern, werfen Sie ihm das Spielzeug. Bringt er es zwar zurück, möchte es aber nicht hergeben, verwenden Sie ein weiteres beliebtes Spielzeug oder ein Leckerchen, um ihn zum Tausch zu animieren. **Geschicklichkeitsspiele:** Welpen sind neugierig und wollen alles erkunden. Auch das lässt sich für spielerische Beschäftigungen nutzen.

> *Welpen und Kinder: Unter Beachtung einiger Regeln ist die Freude am gemeinsamen Spielen und Erforschen garantiert.*

➤ Einige feste Kartons ohne Deckel und Boden ergeben aneinander gereiht einen geheimnisvollen Tunnel. Häppchen darin verteilt, machen das Ganze richtig interessant.

➤ Spannen Sie eine Schnur zwischen zwei Bäumen und binden Sie lange flatternde Bänder daran. Nun animieren Sie Ihren kleinen Vierbeiner dazu, durchzulaufen.

➤ Legen Sie zwei oder drei alte Autoreifen mit etwas Abstand nebeneinander auf den Boden. Motivieren Sie nun den Welpen mit einem Leckerchen dazu, hinein- und wieder herauszusteigen.

Gefahren vermeiden

Damit sich der Welpe nicht verletzt, sollten Sie beim gemeinsamen Spiel auf Folgendes achten:

➤ Vermeiden Sie Spiele auf rutschigem Untergrund.

➤ Lassen Sie Ihren kleinen Vierbeiner nicht über Hindernisse springen.

➤ Der Welpe darf zu nichts gezwungen werden. Spielen Sie deshalb mit ihm nur das, wozu Sie ihn positiv motivieren können.

➤ Überfordern Sie den Welpen nicht. Hören Sie mit dem Spiel auf, solange er noch mit Begeisterung dabei ist.

CHECKLISTE

Richtig spielen

✔ Sie bestimmen Beginn und Ende der Spielstunde.

✔ Beißt der Hund im Spiel in Kleidung oder Hände, brechen Sie das Spiel ab. Dann je nach Hundecharakter den Welpen ignorieren oder Schnauzgriff anwenden.

✔ Bei Ziehspielen sind überwiegend Sie der Sieger.

✔ Im Spiel sollten Sie nichts erlauben, was der Hund sonst auch nicht darf.

✔ Keine Spiele, bei denen der Hund Ihnen (Kindern!) überlegen ist.

✔ Sie (Kinder!) sollten nie die Rolle einer »Beute« übernehmen, deshalb keine »Verfolgungsspiele«.

Fragen rund um die Erziehung

Kann ich schon den Welpen an die Haltung im Freien gewöhnen?

Die Haltung im Zwinger oder längeres Sich-Selbst-Überlassen im Garten ist für das Rudeltier Hund nicht artgerecht. Für eine vertrauensvolle Bindung und eine artgerechte Gehorsamserziehung ist ein enger Kontakt zwischen Welpe und Mensch unerlässlich. Lebt der Hund überwiegend im Zwinger, können sich vielerlei und gefährliche Verhaltensprobleme entwickeln. Ist der Hund im Garten viel sich selbst überlassen oder verlässt er gar auf eigene Faust das Grundstück, wirkt sich das ähnlich nachteilig auf die Bindung aus. Außerdem wird der Hund viel zu eigenständig, was ebenfalls das Zusammenleben erschwert.

Mein Welpe winselt beim Alleinsein. Wie reagiere ich richtig?

Winselt der Welpe in der Box oder wenn Sie sich kurz aus dem Haus begeben haben, sollten Sie nicht zu ihm zurückgehen, solange er winselt. Warten Sie damit, bis er einige Momente ruhig ist. Ansonsten lernt der Hund, dass immer jemand kommt, wenn er lang genug jammert.

Wieso lösen sich manche Welpen erst nach dem Spaziergang im Haus?

Manche Welpen sind durch die neuen Eindrücke während des Spaziergangs so abgelenkt, dass sie ihr »Geschäft« schlichtweg vergessen. Wieder in der vertrauten Umgebung, »müssen« sie dann plötzlich. Bringen Sie den Welpen sofort noch einmal hinaus oder führen Sie ihn, bevor Sie ins Haus gehen, noch kurz in den Garten.

Was muss ich tun, wenn der Welpe nach dem Schnauzgriff schnappt?

Dann war der Schnauzgriff zu kurz. Bei sehr selbstbewussten Welpen kann es sein, dass er trotzdem nicht ausreicht. Entweder nehmen Sie dann den Welpen am Nackenfell und drücken ihn auf den Boden. Oder Sie legen ihn auf den Rücken. Halten Sie ihn dort so lange fest, bis

Der feste Griff über die Schnauze sagt dem Welpen artgerecht: So geht's nicht!

er nachgibt. Letzteres gilt für jede Zurechtweisung. Wenden Sie Strafmaßnahmen nicht bei jeder Kleinigkeit an und passen Sie sie dem Naturell Ihres Welpen an.

Was soll ich tun, wenn der Welpe auf Rufen nicht reagiert?

Machen Sie mit extrem spannender Stimme und zum Beispiel Händeklatschen auf sich aufmerksam, und bewegen Sie sich zügig in die entgegengesetzte Richtung weg. Laufen Sie dem Welpen nicht nach. Je nach Wesen ist das für ihn ein lustiges Spiel oder er bekommt Angst. Warten Sie auch nicht mehrmals rufend auf ihn. Das signalisiert ihm, dass er sich nicht beeilen braucht, da Sie ja in Sicht- und Hörweite sind.

Muss der Welpe getadelt werden, wenn er erst nach mehrmaligem Rufen kommt?

Auf gar keinen Fall! Grundsätzlich gilt, dass der Welpe stets gelobt wird, wenn er kommt. Auch wenn Sie innerlich vor Wut kochen. Wird der Vierbeiner nämlich getadelt, verbindet er dies nicht mit dem verspäteten Kom- men, sondern mit dem Kommen an sich. Sie erreichen dadurch nur, dass der Welpe zukünftig nicht eher, sondern immer zögerlicher kommt.

Wie gewöhne ich den Welpen an eine Box?

Legen Sie eine weiche Unterlage und zum Beispiel ein Kauspielzeug hinein. Geht der Welpe hinein, bleibt anfangs die Tür der Box offen. Wenn Sie die Tür schließen, sollten Sie sie zu Beginn nach einigen Minuten wieder öffnen. Schrittweise erhöht man die Aufenthaltsdauer des Welpen in der geschlossenen Box. Am besten bringen Sie ihn in die Box, wenn er müde ist und schlafen möchte.

Was kann ich tun, wenn der Welpe nicht Platz machen will?

Überlegen Sie, was die Ursache sein könnte. Besonders kurzhaarige Welpen legen sich nicht gern auf kalten oder nassen Boden. Hat er vielleicht zu wenig Hunger oder noch zu viel Energie? Klappt es trotzdem nicht, lassen Sie den Welpen im Platz unter einen niedrigen Schemel oder Stuhl robben, um ans Leckerchen zu kommen.

Katharina Schlegl-Kofler

Belohnungshäppchen richtig einsetzen

➤ Damit der Welpe bereit ist sich anzustrengen, muss er hungrig und das Leckerchen sehr reizvoll sein.

➤ Er bekommt es nur, wenn er etwas »geleistet« hat, nicht einfach so.

➤ Es gibt nur dann ein Häppchen, wenn der Welpe eine Übung richtig ausgeführt hat. Also zum Beispiel nicht, wenn im Platz Ellenbogen oder Hinterteil noch in der Luft sind.

➤ Sobald der Welpe eine Übung beherrscht, bekommt er nicht mehr jedes Mal ein Häppchen, sondern nur noch ab und zu oder bei erhöhtem Schwierigkeitsgrad. Beispiel: Kann er Sitz, bekommt er nichts mehr in dem Moment, wo er sitzt, aber beispielsweise dann, wenn er längere Zeit ruhig gesessen hat.

➤ Bereiten Sie die Leckerchen stets in kleinen Portionen vor und halten Sie sie zum Beispiel in einer Gürteltasche griffbereit.

Adressen

Verbände/Vereine

➤ Fédération Cynologique Internationale (FCI), Place Albert 1er, 13, B-6530 Thuin, www.fci.be

➤ Verband für das Deutsche Hundewesen e.V. (VDH), PF 104 154, D-44041 Dortmund, www.vdh.de

➤ Österreichischer Kynologenverband (ÖKV), Siegfried Marcus-Str. 7, A-2362 Biedermannsdorf, www.oekv.at

➤ Schweizerische Kynologische Gesellschaft (SKG/SCS), PF 8276, CH-3001 Bern, www.hundeweb.org

Anschriften von Rassehundzucht- und -sportvereinen können Sie bei den vorgenannten Verbänden erfragen.

Hunde im Internet

Viel Wissenswertes rund um Hunde, wie Gesundheit, Ernährung, Urlaub, Rassen und Welpenschulen, und vieles mehr finden Sie auf folgenden Internetseiten:

➤ www.hunde.com
➤ www.hundewelt.de
➤ www.mypetstop.com
➤ www.hund.ch

Informationen über giftige Pflanzen erhalten Sie unter:

➤ www.vetpharm.unizh.ch/ perldocs/toxsyqry.htm

Fragen zur Haltung beantworten

Ihr Zoofachhändler und der Zentralverband Zoologischer Fachbetriebe Deutschlands e.V. (ZZF), Tel. 06103/910732 (nur telefonische Auskunft möglich: Mo 12-16 Uhr, Do 8-12 Uhr), www.zzf.de

Haftpflichtversicherung

Fast alle Versicherungen bieten auch Haftpflichtversicherungen für Hunde an.

Registrierung

➤ TASSO-Haustierzentralregister, e.V., Frankfurter Str. 20, D-65795 Hattersheim, Tel. 06190/937300, www.tiernotruf.org

➤ Internationale Zentrale Tierregistrierung (IFTA), Weiherstr. 8, D-88145 Maria Thann, Tel. 00800/843773-447837 (kostenlos), www.tierregistrierung.de

Wer seinen Hund vor Tierfängern und dem Tod im Versuchslabor schützen will, kann ihn hier registrieren lassen.

Bücher

➤ Klever, U.: Hunde. Gräfe und Unzer Verlag, München

➤ Schlegl-Kofler, K.: Hundeschule für jeden Tag. Gräfe und Unzer Verlag, München

➤ Schlegl-Kofler, K.: Hunde-Erziehung. Gräfe und Unzer Verlag, München

Zeitschriften

➤ Der Hund. Deutscher Bauernverlag, Berlin

➤ Unser Rassehund. Hrsg. Verband für das Deutsche Hundewesen e.V., Dortmund (→ Adressen)

➤ Partner Hund. Gong Verlag, Ismaning

Die Autorin

Katharina Schlegl-Kofler ist durch den regelmäßigen Besuch von Seminaren zu den Themen Hundeerziehung, -ausbildung und Verhaltensforschung anerkannte Spezialistin in Sachen artgerechter Hundehaltung. Ihre Erziehungskurse für Hunde aller Rassen haben enormen Zulauf. Sie ist Autorin mehrerer erfolgreicher GU-Ratgeber über Hunde und hält selbst seit langem Labrador Retriever.

Die Fotografin

Christine Steimer arbeitet als freie Fotografin und hat sich auf die Heim- und Haustierfotografie spezialisiert. Juniors/Wegler: U1.

Impressum

© 2003 GRÄFE UND UNZER VERLAG GmbH, München.

Redaktion: Sibylle Kolb
Lektorat: Angelika Lang
Layout: independent Medien-Design, München
Satz: Uhl + Massopust, Aalen
Produktion: Petra Roth
Repro: Fotolito Longo, Bozen
Druck und Bindung: Kaufmann, Lahr
Printed in Germany
ISBN 3-7742-5588-1
Auflage   4.
Jahr   2005

GRÄFE UND UNZER

Ein Unternehmen der
GANSKE VERLAGSGRUPPE

Das Original mit Garantie

Ihre Meinung ist uns wichtig. Deshalb möchten wir Ihre Kritik, gerne aber auch Ihr Lob erfahren. Um als führender Ratgeberverlag für Sie noch besser zu werden. Darum: Schreiben Sie uns! Wir freuen uns auf Ihre Post und wünschen Ihnen viel Spaß mit Ihrem GU-Ratgeber.

Unsere Garantie: Sollte ein GU-Ratgeber einmal einen Fehler enthalten, schicken Sie uns das Buch mit einem kleinen Hinweis und der Quittung innerhalb von sechs Monaten nach dem Kauf zurück. Wir tauschen Ihnen den GU-Ratgeber gegen einen anderen zum gleichen oder ähnlichen Thema um.

GRÄFE UND UNZER VERLAG
Redaktion Haus & Garten
Stichwort: Tierratgeber
Postfach 86 03 25
81630 München
Fax: 0 89/41 98 1-1 13
E-Mail:
leserservice@
graefe-und-unzer.de

> ## GU-Experten-Service

Haben Sie Fragen zu Haltung und Pflege? Dann schreiben Sie uns (bitte Adresse angeben). Unsere Expertin Katharina Schlegl-Kofler hilft Ihnen gern weiter. Unsere Adresse finden Sie rechts.

Mein Welpe

Name: _____

So will er belohnt werden:

_____

_____

Lieblingsspiele und Spielzeug:

_____

_____

_____

Beim Spazierengehen beachten:

_____

_____

_____

Das sind seine Eigenheiten:

_____

_____

_____

Besondere Kennzeichen:

_____

_____

_____

Das ist sein Tierarzt:

_____

_____

_____

GU TIERRATGEBER
damit es Ihrem Heimtier gut geht

ISBN 3-7742-5582-2
64 Seiten | € 7,90 [D]

ISBN 3-7742-3957-6
64 Seiten | € 7,90 [D]

ISBN 3-7742-3917-7
64 Seiten | € 7,90 [D]

ISBN 3-7742-5586-5
64 Seiten | € 7,90 [D]

ISBN 3-7742-5583-0
64 Seiten | € 7,90 [D]

Tierisch gut! Die Welt der Heimtiere entdecken und alles erfahren, was man schon immer über sie wissen wollte. So klappt das Miteinander von Anfang an – mit Wohlfühl-Garantie fürs Tier.

WEITERE LIEFERBARE TITEL BEI GU:

➤ **GU TIERRATGEBER: Hunde, Mein Hund macht was er will, Mit dem Hund spielen und trainieren, Jack Russell Terrier, Retriever, Sennenhunde und viele mehr**

Änderungen und Irrtum vorbehalten.

Willkommen im Leben.

1 HÖRZEICHEN EINÜBEN

Nennen Sie anfangs Hörzeichen nur dann, wenn der Welpe die **gewünschte Position** bereits eingenommen hat. So verknüpft er sein Tun mit dem, was er hört. Erst wenn er schon beim Anblick des Häppchens selbst tut, was Sie von ihm wollen, können Sie beginnen, ein Verhalten mit Hörzeichen zu fordern.

Grundkurs für die Erziehung

4 GLEICHE REGELN FÜR ALLE

Erlauben Sie dem Welpen nichts, was Sie dem **erwachsenen Hund** später nicht auch zugestehen. Wenn Sie es beispielsweise nett finden, dass der **Welpe** beim Fernsehen auf Ihrem Schoß sitzt, dürfen Sie sich nicht wundern, dass er darauf auch noch besteht, wenn er vielleicht 45 Kilogramm wiegt.

7 ARTGERECHTER UMGANG

Machen Sie sich immer wieder bewusst, dass Sie einen **zuverlässigen Gehorsam** des Hundes nur dann erreichen können, wenn der Hund auch dem Zusammenleben im Alltag eindeutig entnehmen kann, dass Sie der uneingeschränkte »Rudelführer« sind.

8 RICHTIG ÜBEN

Üben Sie möglichst regelmäßig, jedoch nicht, wenn Sie unter Stress stehen oder in schlechte Stimmung sind. Beim Welpen genügen anfangs etwa **drei Trainingseinheiten** täglich à fünf Minuten. Die Dauer wie auch die Anforderungen bitte nur langsam steigern.

"I'm the base legal officer, maybe even the base's chaplain, I've got a right to know. I've been sworn in as a Captain!" Preacher Mann exclaimed.

"Just checking," Nurse Mann said with a chuckle.

"No doubt," Preacher Mann said with a sigh.

"I was told within two years the patient population could be as many as 75,000," the nurse offered.

"That's staggering," the preacher responded.

"Now you know why they need qualified medical personnel," she said.

"Oh, I forgot to mention Captain Anderson said he planned for you to meet with General Groves today," Nurse Mann remembered.

"Was that his idea or did that come from General Groves?" the preacher queried.

"He didn't say. I told you all I know. However, you'll soon find out," Nurse Mann replied as they pulled into the parking lot of the administration building.

"No doubt," Preacher Mann said as he parked the black pickup truck.

The couple walked through the doors of the administration building and made their way to General Groves' office. They were met by Captain John Anderson.

"Great timing," Captain Anderson said with a smile.

"If Tom is anything, he's punctual," Nurse Mann opined.

"Punctuality sets well with General Groves," Captain Anderson said as the entered the waiting room.

The desk sergeant stood and saluted. Captain Anderson returned the salute, but the desk sergeant maintained the salute and continued to stand at attention.

"The sergeant is awaiting your return salute," Captain Anderson said to Preacher Mann.

"I'm neither in uniform nor displaying the Congressional Medal of Honor," the preacher replied.

"He completed your re-enlistment paperwork and attended your swearing-in. He knows you're a captain," Captain Anderson said with a smile.

Preacher Mann returned the salute and urged the desk sergeant to stand at ease. He followed Captain Mann's instructions.

"Captain Mann, I have Nurse Mann's file and I'm ready to escort her to meet with Captain Lowe. Also, General Groves is awaiting your arrival," the desk sergeant reported.

There was a long pause before anything was said after the desk sergeant's report. It was obvious he wouldn't take action without instructions from one of the Captains.

"Captain Mann, the sergeant is awaiting your orders," Captain Anderson said.

"Sergeant, announce our presence to General Groves. Then escort Nurse Mann to her meeting with Dr. Charles Lowe and return. Captain Lowe can give you further instructions when their meeting is finished," Captain Mann instructed.

The sergeant quietly announced Captains Anderson's and Mann's presence and ushered them into the general's office. This time they both saluted and General Groves returned their salutes.

"I don't eavesdrop on my officers, but I couldn't help but enjoy your encounter with the desk sergeant, Captain Mann," the general said with a chuckle.

"It's been twenty years since I was in the military. Back then, as a first sergeant, I only saluted. I didn't receive salutes," Captain Mann said with a smile.

"Once you put on that uniform, you'll be wearing out that right arm," the general opined.

"When I informed General Groves that Nurse Mann was enlisting for service at the base hospital, he asked to meet with you again," Captain Anderson announced.

"I'm just going to be blunt, Captain Mann. I need to discuss where I need you on this base," the general said.

"Sir, I'll serve in any capacity you see fit," Captain Mann responded.

"I don't like to promise a man something and then deliver something else. I said you'd be a chaplain or a legal officer. I can easily requisition a chaplain and a legal officer. But I can't requisition anyone like you," General Groves said.

"I'm not sure what you mean, sir," Captain Mann said.

"From everything I've heard and read, you're one take-charge, problem-solving, get 'er done, son-of-a-bitch. I need you as a staff officer working for me," the general said bluntly.

"Captain Anderson seems to be performing that function extremely well," Captain Mann replied.

"Captain John Anderson has performed an exemplary job for me. He enlisted you as a civilian and later re-enlisted you into the army. Through sleight of hand or dogged determination, he's even talked your wife into enlisting. He's well on his way to earning a set of oak leaves, getting promoted to major, and becoming my executive officer," General Groves reported.

"What specific type of things do you need me to do beyond what Captain Anderson can accomplish?" Captain Mann asked.

"Captain Anderson attended Castle Heights Military Academy in Lebanon, Tennessee. Upon graduation eight years ago, he enlisted in the United States Army, was commissioned a second lieutenant,